《山西古村镇系列丛书》

主　编：王国正　李锦生

副主编：张　海　薛明耀　于丽萍

《西黄石古村》

著　者：薛林平　赖钰辰　孟播磊

于丽萍　张　哲

丛书总序

我曾多次到过山西，这里丰富的历史遗存和深厚的人文底蕴，令人赞叹，给人的印象非常深刻。山西省建设厅张海同志请我为《山西古村镇系列丛书》作个序，在这里我就历史文化遗产和古村镇保护等有关问题谈一些粗浅的想法。

国际经济社会发展的经验证明，一个国家城镇化水平达到30%以后，城镇化进程不断加快，随之出现城市建设的高潮；人均生产总值达到1000～3000美元时，进入经济发展的黄金期，也是多种矛盾的爆发期，这个时期不仅可能引发各种社会矛盾，还会出现许多问题。我国城镇化水平2003年就已经超过了40%，人均生产总值2006年已经超过了2000美元，国民经济快速发展，城镇化进程不断加速；在城市建设日新月异的发展中，中央又审时度势提出了“两个趋势”的科学判断，作出了加强小城镇和新农村建设的决策。过去，我国城市的大批建筑遗存，正是在大搞城市建设中遭到毁灭性破坏。现在，我国农村许多建筑遗产，能否在小城镇和新农村建设中有效保护，正面临着严峻考验。处理好小城镇和新农村建设与古村镇保护的关系，保护祖先留下的非常宝贵、不可再生的文化遗产，是历史赋予我们义不容辞的责任。

对于建筑历史文化遗产的保护，人们的观念不断创新、思路逐步调整、方法正在改进，从注重官府建筑、宗教建筑的保护，向关注平民建筑保护的转变；从注重单体建筑的保护，向关注连同建筑周边环境保护的转变；尤其是近年来，特别关注古村镇的保护。因为，古村镇是区域文化的“细胞”，是一个各种历史文化的综合载体，不仅拥有表现地域、历史和民族风情的民居建筑、街区格局、历史环境、传统风貌等物质文化遗产，还附着居住者的衣食起居、劳动生产、宗教礼仪、民间艺术等非物质文化遗产。我国现存有大量的古村镇，其历史文化价值和社会经济价值都是巨大的，按照英格兰的统计方法，古村镇的价值应占到GDP的30%以上。然而，认识到这一点的人并不多，甚至有人认为古村镇、古建筑是社会发展的绊脚石，这种观点对于文化的传承和社会的进步都是极为不利的。在快速推进的城乡建设浪潮中，我们所面临的最大问题就是，大批历史古迹被毁坏，大批古村镇被过度改造，使中华民族的历史文化遗产严重损坏。在这个时候提出古村镇的保护，实际上是一项带有抢救性的工作。

2008年1月1日开始实施的《城乡规划法》，突出强调了保护历史文化遗产的重要性；2008年4月又颁布了《历史文化名城名镇名村保护条例》。历史文化名城保护工作已开展近30年，历史文化名镇名村保护工作也已启动，现在大家基本达成共识，保护有价值的古村镇，其实就是“保护文化遗产，弘扬优秀的传统文化……保持民族性，体现时代性”。但是，当前全国历史文化村镇保护的形势仍然不容乐观，保护工作极不平衡，

山西古村镇系列丛书

山西省住房和城乡建设厅组织编写

西黄石古村

薛林平　赖钰辰
孟璠磊　于丽萍
张　哲　著

中国建筑工业出版社

图书在版编目(CIP)数据

西黄石古村／薛林平等著．—北京：中国建筑工业出版社，2010.8

（山西古村镇系列丛书）

ISBN 978-7-112-12243-1

Ⅰ．①西… Ⅱ．①薛… Ⅲ．①乡村－古建筑－简介－泽州县 Ⅳ．①K928.71

中国版本图书馆CIP数据核字（2010）第134236号

责任编辑：费海玲

责任设计：董建平

责任校对：赵　颖　关　健

山西古村镇系列丛书

山西省住房和城乡建设厅组织编写

西黄石古村

薛林平　赖钰辰　孟璠磊　于丽萍　张　哲　著

*

中国建筑工业出版社出版、发行（北京西郊百万庄）

各地新华书店、建筑书店经销

北京方舟正佳图文设计有限公司制版

北京方嘉彩色印刷有限责任公司印刷

*

开本：787×1092毫米　1/16　印张：14　字数：336千字

2010年10月第一版　2010年10月第一次印刷

定价：58.00元

ISBN 978-7-112-12243-1

（19499）

一些地方还未认识到整体保护历史文化村镇的重要性，忽视了周边环境风貌和尚未列入文物保护单位的优秀民居的保护，制定和完善保护历史文化村镇规划的任务还十分艰巨；一些地区片面追求经济效益，对历史文化村镇进行无限度、无规划的盲目开发；一些地方擅自改变国有文物保护单位的管理体制，交给企业经营管理。

作为华夏文明的发祥地之一，山西有着丰厚的文化积淀和历史遗存，不仅有数量众多的古建筑，还保存有大量的古村镇。由于山西历史悠久、民族聚居、文化融合、地形差异等多因素影响，再加之较为发达的古代经济，建造了大量反映农耕文明时代、各具特色的古村镇。这些古村镇，一是分布在山西中部汾河流域，以平遥古城为中心，以晋商经济为支撑，体现晋商文化特色；二是分布在晋城境内沁河流域，以阳城县的皇城、润城为中心，以冶炼工业及商贸流通为支撑，体现晋东南文化特色；三是分布在吕梁山区黄河沿岸，以临县碛口古镇为中心，以古代商贸流通、商品集散为支撑，体现晋西北黄土高原文化；四是沿山西省内外长城，在重要边关隘口，以留存了防御性村堡，体现边塞风情和边关文化，在山西统称为“三河一关”古村镇。这些朴实生动和极富文化内涵的古村镇，是人类生存聚落的延续，是中国传统建筑的精髓；保存有完整的古街区、大量的古建筑，体现着先人在村镇选址、街区规划、院落布局、建筑构造、装饰技巧等方面的高超水平；真实地反映了农耕文明时代的乡村经济和社会生活，凝聚了劳动人民的智慧，沉淀了中华民族的优秀文化，传承了丰富的历史信息；具有浓郁的地方特色和很高的研究价值，是人类共同的文化遗产和宝贵财富。

山西省建设厅一直对古村镇及其文化遗产的保护非常重视，从2005年开始，对全省的古村镇进行了系统普查，根据普查的初步成果，编辑出版了《山西古村镇》一书；同年，主办了“中国古村镇保护与发展碛口国际研讨会”，并通过了《碛口宣言》。报请省政府下发了《关于历史文化名镇名村保护工作的意见》，并分两批公布了71个“山西省历史文化名镇名村”，其中18处已经成为“中国历史文化名镇名村”。为大部分古村镇制定了科学的保护规划，开展了多层次的保护工作，逐步形成了科学、合理、有效的保护机制。为了不断提高人们的保护意识，他们又组织编写了《山西古村镇系列丛书》，本系列丛书撷取山西有代表性的古村镇，翔实地介绍了其历史文化、选址格局、建筑特色、非物质文化遗产，内容较为丰富。为了完成书稿的写作，课题组多次到现场调查，在村落中居住生活了相当一段时间，积累了大量第一手资料。通过细致的测绘图纸和生动的实物照片，可以看到他们极大的工作热情和辛勤劳动。这套丛书不仅是对古村镇保护工作的反映，更有助于不断增强全社会的文化遗产保护意识。让我们以此为契机，妥善处理保护与发展的关系，做到科学保护、有效传承、永续利用历史文化遗产，不断开创历史文化名镇名村保护工作的新局面。

是为序。

仇保兴

住房和城乡建设部　副部长

目　录

丛书总序

第一章　西黄石古村的历史与文化 …… 1

一、西黄石古村概况 …… 2

二、西黄石古村的历史沿革 …… 7

三、西黄石古村的四大家族 …… 9

1.成氏家族 …… 9

2.杜氏家族 …… 12

3.赵氏家族与王氏家族 …… 16

四、民俗文化 …… 16

1.添仓节 …… 16

2.刺绣 …… 17

3.剪纸 …… 17

4.打铁 …… 18

5.面塑 …… 19

6.饮食习惯 …… 19

7.喜丧 …… 20

第二章　西黄石古村的空间格局 …… 21

一、聚落的形成与生长 …… 22

1.村落选址 …… 22

2.村落形态演变 …… 24

二、村落格局 …… 25

1.总体布局 …… 25

2.村落肌理 …… 28

C O N T

三、街巷空间 …… 29
1.空间特征 …… 29
2.重要街巷空间 …… 32
第三章 西黄石古村的居住建筑 …… 37
一、居住建筑概述 …… 38
1.院落构成 …… 38
2.营造技术 …… 42
3.立面构图 …… 43
4.人文关怀 …… 45
二、杜家大院建筑群 …… 46
1.杜家大院建筑群概述 …… 46
2.杜生周宅——九字院与文魁院 …… 50
3.杜绍预宅——书房院与武魁院 …… 58
4.大家主院与杜攸欲院 …… 65
5.杜和隆宅——义和堂 …… 71
三、成家大院建筑群 …… 76
1.成家大院建筑群概述 …… 76
2.成家兄弟大院 …… 77
3.成家侍郎院 …… 87
4.成发昌宅院 …… 92
5.成满昌宅院 …… 98
四、赵家大院 …… 102
五、王家大院 …… 105
第四章 西黄石古村的庙宇建筑 …… 109

E N T S

一、庙宇建筑概述 …… 110
二、典型庙宇建筑 …… 112
1.玉皇庙 …… 112
2.祖师庙 …… 117
3.三官庙 …… 121
第五章 西黄石古村的装饰艺术 …… 125
一、铺首 …… 128
二、影壁 …… 132
三、墀头 …… 138
四、柱础 …… 145
1.兽形柱础 …… 145
2.四方柱础 …… 146
3.圆弧形四方柱础 …… 148
4.束腰式四方柱础 …… 150
5.方形几腿座式柱础 …… 154
五、门额、窗台、门墩 …… 157
六、壁画 …… 161
1.东山墙苍龙君 …… 163
2.东山墙玄武君 …… 167
3.西山墙白虎君 …… 171
4.西山墙朱雀君 …… 174
附录 …… 178
附录1：西黄石古村的碑文选录 …… 178
附录2：西黄石古村的历史建筑测绘图 …… 181
后记 …… 215

CONTENTS

【第一章】

西黄石古村的历史与文化

LISHIYU WENHUA

一、西黄石古村概况

西黄石古村位于晋城市泽州县东北部，隶属北义城乡，距晋城市区约22.3公里（图1-1）。古村北通义庄，东临东黄石村，西邻崔家庄。村落建成区南北长约720米，东西宽约570米，总占地面积约0.42平方公里。2009年，西黄石村被列为山西省省级历史文化名村。

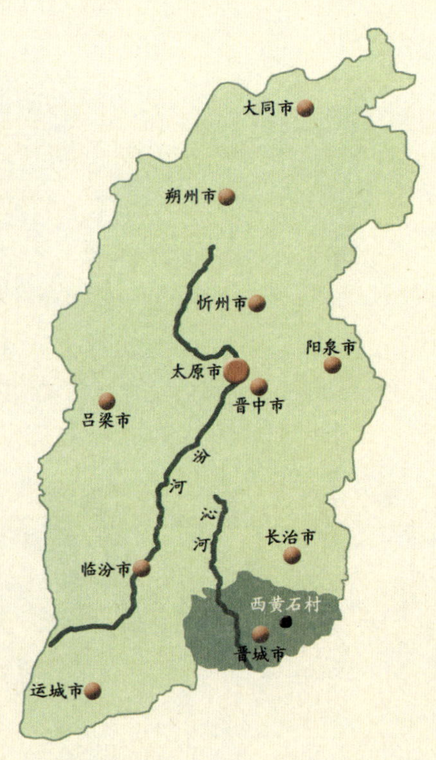

图1-1 区位图

古村西、南两侧邻山，北侧为一片平原，东侧紧邻昌沟河。昌沟河源于武乡县的板山，最终注入丹河。雍正十三年（1735年）《泽州府志》对于丹河（图1-2）有如下描述："丹沁二水为此郡血脉，回吁消息，气机之动，节络之转，与山润其肤，与地咸其窾，而神明发焉。因疏其来去径贯，以指其逝。其为说以水经注为经，以考历穿合为纬。"[1]古时西黄石村与东黄石村本为一村，昌沟河从村中穿过，后因昌沟河在夏季经常暴发洪水，河床变宽，黄石村最终分为了两个村子，即河东的东黄石村与河西的西黄石村。

根据村中现存的花梁（表1-1）以及碑文可知，村中的建筑与院落多建于清代中期，而在清以前的建筑大部分已被拆毁或翻修。

1 山西省晋东南行政公署翻印．泽州府志·方舆志五·山川．山西古籍出版社，1981年。文中"丹沁二水"是指流经晋城的丹河和沁河。

2 山西省晋东南行政公署翻印．泽州府志·方舆志十四图考．山西古籍出版社，1981．

3 山西省晋东南行政公署翻印．泽州府志·方舆志十四图考．山西古籍出版社，1981．

图1-2 清雍正《泽州府志》丹河图[2]

图1-3 清雍正《泽州府志》泽州府境图[3]

花梁统计 **表1-1**

编号	花梁文字	所在院落	花梁照片
1	告大清乾隆二年四月十九日合春□□□□□黄道□□□□□宅主成登昌□□□□□□□□□□□合家人口兴旺	杜家文魁院正房	
2	告大清乾隆四年岁次□□丙子月丙辰日□□□□□正合天开黄道□□□□宅主杜睿□子焰存□□自创修之后，合宅平安，永远为记尔	杜家武魁院正房	
3	□□乾隆三十二年岁次□□□□□□□□□□□□□□□□□□□□□□□□自修之后□□□□□□□□□□□□大吉	杜家书房院正房	
4	告大清乾隆三十八年岁次癸巳三月廿一日，重修南楼七间。宅主成雍富、木匠成攀梅、石匠高清文。创修之后，合家人口兴旺，田产日增月盛，五谷丰登，兹为□□	成雍富院倒座	
5	告大清道光五年五月廿九日卯时，上梁补修正殿三间，东北西北角殿各三殿。社首维首成逢泰、成统茂、成秉经、成良煜。泥水匠胡全力、木匠朱满元。自修之后，保合社人等平安，风调雨顺，永为记耳	玉皇庙正殿	

6	告大清道光六年岁次丙戌七月十七日破土，修葺改造堂楼九间、风口两个、大门一间并修建东楼五间、西楼五间、南楼九间、院中庭房三间。宅主杜和隆□□□□□□□□□□□□□□□□□□□	杜家义和堂第三进院正房	
7	告大清道光十一年岁次辛卯，重修楼房两院二十六间。四月十九日开黄道卯时刻上梁。宅主杜攸欲。自修之后，合宅平安，是为志耳	杜攸欲院第二进院正房	
8	告大清道光二十九年岁次己酉，创修南楼房三间、东南门楼一间、门房一间。选吉五月十八日辰刻上梁。宅主成春令暨侄宝麟、庆麟。石匠萧随印、泥水匠牛春生。自修之后，永保家业兴隆，合宅平安，书此以垂不朽耳	成春令院倒座	

村中现存的古街巷有金玉街、义和巷、道东巷、八字巷、午台后巷等。其中金玉街为村子的中心主轴，长约410米，南北走向，基本上贯穿了整个村落。其余古街皆与金玉街相交，以联系东西方向的建筑，它们与金玉街共同构成了古村的基本道路系统。

西黄石古村中现存历史建筑主要分布在金玉街东西两侧，并向东西方向延伸。重要历史建筑有杜家义和院、杜家书房院、杜家文魁院、杜家武魁院、成满昌宅、成春令宅、王家大院等。其中杜家的大部分历史院落都分布在金玉街的西侧，其余几家院落如王家大院、成满昌宅等位于金玉街的东侧。村子的东南部还有一处重要的历史建筑——成家兄弟

图1-4 八字巷鸟瞰

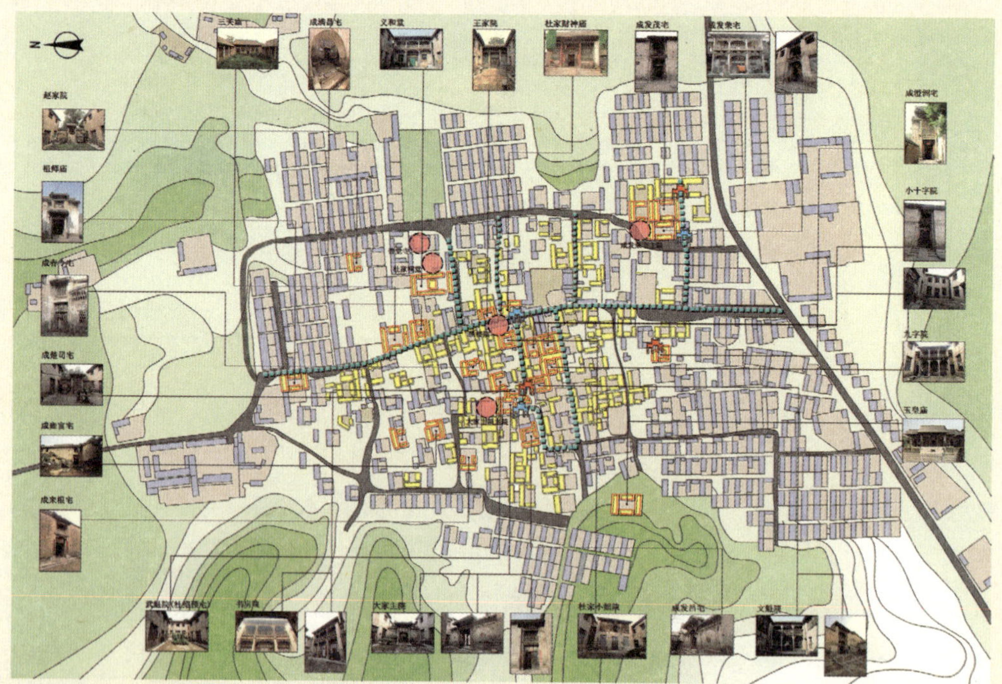

图1-5 遗产资源分布图

（成发茂、成发荣）建筑院落群，距金玉街约200米。此外，村中还有六座庙宇建筑，分别是玉皇庙、三官庙、祖师庙、关帝庙、普觉寺和杜家财神庙。

二、西黄石古村的历史沿革

关于西黄石古村的历史并没有翔实的史料记载，何时建村也无实据可考。根据村中碑文以及相关历史资料推测：西黄石古村的建村年代可能为宋朝。首先，在村西玉皇庙西侧耳房墙壁上，有明正德七年（1512年）石碑一通（图1–6），碑中载有文字如下：“贞祐年创修此庙，为佛堂之殿。今于大明正德年补修，改立玉皇庙，造香炉之，有泽州莒山乡黄石里维邦人：成裕、成直、成人美、成智交、成达、成子秀、成皋、成谭、成万、成森、成如鱼、成铝、成信。”据碑文所载，玉皇庙始建于金贞祐年间[1]。按中国正史的朝代年表来看，这段时期应属于南宋庆元年间[2]。由此可知，在南宋时期此处已有人居住与活动，所以西黄石村的建村年代应不晚于南宋时期。

另外，《宋史》载：“靖康元年五月，金人入寇，姚古将兵至威胜，闻粘罕将至，众惊溃，河东大振。河北河东路制置副使种师中与金人战于榆次，死之。八月，都统制折可求师溃于子夏山，威胜、隆德、汾、晋、绛民皆渡河南奔。十月，金人陷泽州。十一月，知泽州高世由以城降于金。”[3]由此可知，在宋金战争时期，山西中北部一带是重要战场。尤其到

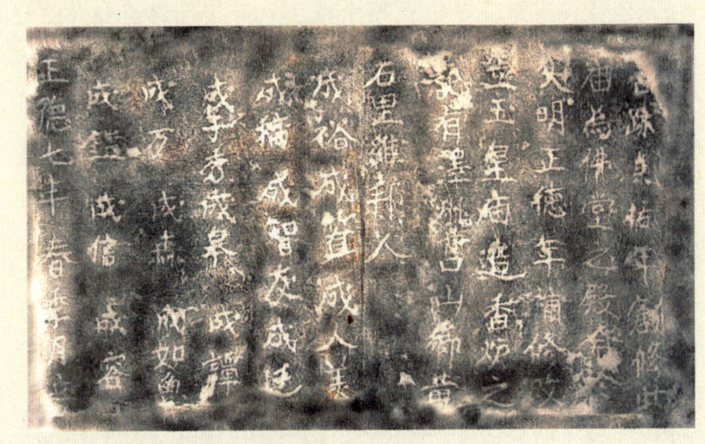

图1–6 玉皇庙西侧耳房壁上碑文拓片

1 贞祐年，是金宣宗所使用的第一个年号。宣宗使用贞祐这个年号一共仅五年，即元年（1213年）至五年（1217年）。

2 庆元，南宋宁宗赵扩所用年号，公元1195～1224年。

3 引自元至正三年《宋史》。《宋史》为中国二十四史之一，于元末至正三年（1343年）由丞相脱脱和阿鲁图先后主持修撰。

图1—7 土改时期所建阁楼

了南宋时期，由于战事频繁，许多居住在山西北部的平民百姓为了逃避战乱，皆“渡河南奔”。所以宋时的山西，是一个移民非常频繁的地区。而西黄石村的建村者很有可能在这个时期作为难民逃到了山西南部地势险峻的太行山脉建立了村落。

据村中老支书陈腊锁所述，现村中成姓家族祖上是西黄石村的始建者。在建村之初，西黄石村与东黄石村合称为金玉村，后改名为黄石村。至于为何将“金玉”改为“黄石”，则流传着这样一个传说：“村中另一个大家族杜家发迹后得罪了权贵，被人一纸文书状告上了朝廷，说杜家想谋反。文书上有诗云：‘龙顶山雾气腾腾，金玉村胜过北京，杜霞英真龙天子，冯氏女朝阳正宫。’皇上闻听龙颜大怒，命官府派兵抄了杜家，并于此后将金玉村改名为黄石村，取‘金’为‘黄’，‘玉’为‘石’之意，以示对其进行贬低。”虽然这只是一种传说，却也在当地广为流传。

明代又有赵氏、张氏两个家族从外地迁移至此。二姓迁入村中后，分别在村子北部与西部修建宅院。于是村中人口渐多，规模渐大。

清朝初期，随着杜氏家族的迁入，村子的发展达到了一个高峰。由于杜家颇有经商头脑，又广交人脉，再加上康乾盛世的历史背景，他们积累了大量财富。在这一时期，村内其他几个家族也是生意兴隆。在道光年间，各大家族用自己积蓄的财富修建了大量的宅院，一个不起眼的小村庄迅速变成了“财主庄园”。但物极必反，盛极必衰，清朝末期几大家族染上了吸食鸦片的恶习，于是财富迅速流失，家族也迅速衰败。西黄石古村逐渐走了下坡路。

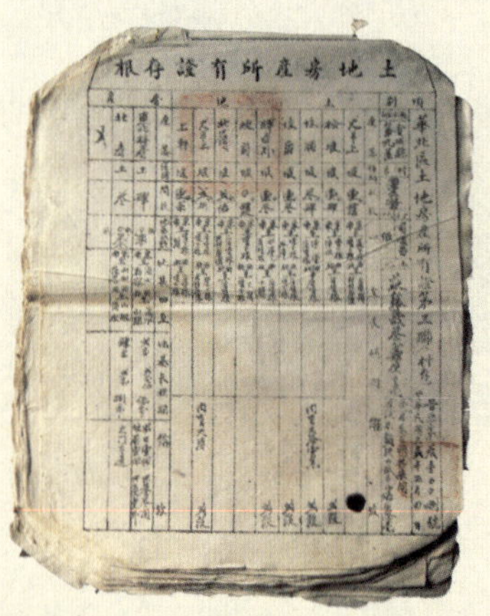
土地房產所有證存根

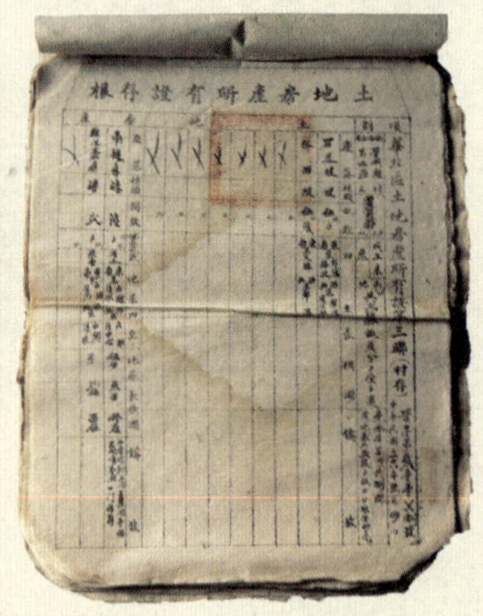
土地房產所有證存根

图1—8 民国时期土地房产所有证

近代随着土改运动如火如荼的进行，村中地主皆遭到批斗及制裁。各大家族所拥有的豪宅院落也被平分给了普通的农民百姓，而且多数情况是几户居民共用一座宅院。土改时期，生产大队还在村中建造了一些阁楼以作广播宣传之用，比如原杜家财神庙东侧阁楼就是一例（图1–7）。土改后，生产队为村民们提供了新的土地房产所有证（图1–8），其上明确标注了户主、人口、土地位置及亩数、房产四至及间数。

在“文革破四旧”运动中，村中诸如家谱、地契、石碑等文物，或被烧毁，或被填埋，只有极少部分被保存了下来。此外，西黄石古村中曾经存有大量老式家具，用材珍贵，样式精美。但它们在20世纪70年代被集体卖至他处，如今只有个别院落中还留有一些古时的家具（图1–9）。

图1–9 老式家具

三、西黄石古村的四大家族

西黄石古村自建村至今，已经有八百多年的历史。历史是由人来书写的，可以说西黄石村的历史发展与村中几大家族的兴衰命运紧密地联系在一起，家族的兴盛促进了西黄石村的兴盛，家族的衰败也预示了西黄石村的衰败，古村中的几大家族共同缔造了西黄石村的历史，其中成、杜、赵、王四大家族则起到了关键的作用。

1.成氏家族

成氏家族从山西中北部迁至此地，择地而居，立户为门，建立了西黄石村。

在建村初期，成家人主要以农耕为生。他们开荒垦地，繁衍生息，数代之后便形成了一个庞大的家族。而对于一个庞大的家族来说，严明的奖惩及监管制度是必不可少的，否则族内就会频繁出现作奸犯科的行为，导致整个家族的败落。从村中一些碑刻的文字中，我们可以看出成家对于“规矩”二字看得十分重要。村北祖师庙清道光十二年（1832年）碑刻《凤台县为强恶藐法夜伐官树事》中有如下记载：“成昌泰等控成荃率使朱遇兴夜伐官树一案，等因卑取。随即饬差同原被人等前往该处查勘，并传一干人证。讯得县民成俊生等与成荃同村居住，始为一祖。后年远分只，不记辈数……而言现在成荃所呈分单不足为凭，且槐树地向南高崚下系成荃祖上地基，业已受价卖出，伊祖靠崚所挖窑房亦系叔成世恒之业。其窑房顶底并无成荃之业，亦未完纳分毫粮银，何得乎空征伐树株？查成荃家境贫寒，若窑顶场地系伊之业，何能久不耕种？历年已久，可知不能专主……成荃混赖狡控，薄责示惩，取结完案。”此案中的原告成昌泰等人与被告成荃都是成氏家族中人，但由于成荃利欲熏心，砍伐官树，最终被同族中人告上官府。其实按常理来说，在同一家族中，若非牵扯到自身利益，是不会轻易将族人状告官府的。但在成家之中，无论谁有了错误，皆要按规矩进行处罚。这种严格的族内监督体制使得成家人非常自律，族内几乎鲜有违逆之事发生。

图1-10 成发茂墓志铭碑文拓片

由于成氏家族作风严谨，族人们在各行各业都有所作为。尤其在经商方面，更是在泽州一带小有名气。但在封建社会，一个商人无论做得多么成功都很难受到社会的尊重，而参加科举考取功名才是所谓的正道。但在成家之中，仿佛有个怪圈，读书之人颇多，而真正考取功名步入官场者，却少之甚少。难道真的是因为成家人不重视教育或者说成家人没有读书的天赋吗？实则不然。清道光五年（1820年）成发茂的墓志铭（图1-10）中有这样的记载：“延名师课子孙读，脩脯甚丰且敬礼不怠。常谕子孙曰：“读书期明理耳，科第得失有命，但能敦行孝弟，即不愧儒服儒冠。彼日诵千言而令五经扫地，虽掇巍科，何足荣贵？吾不愿汝曹效之也。”君虽学问未成，而能知大义。如此稽其生平始末，洵为完人，非得于天资之美，而不漓于浇风末俗，安能葆其性真久而不变也耶？”

成发茂是成家清代数一数二的大财主，也是成家举足轻重的人物，村中有许多功德碑上都载有他的大名，所以他对教育的一些看法，多少可以反映出成家对待教育的态度。成家十分重视对子女的教育，墓志铭中载：“延名师课子孙读，脩脯甚丰且敬礼不怠”。家长们愿意用最好的礼节及待遇请名师来给自己的子孙授课，足以见得成家对后代教育的重视。并且，成家非常强调读书的必要性。成发茂在幼时也是一介儒生，也希望通过科举来考取功名，步入官场。但是由于家中的变故，让他弃儒从商，最终成为了一位颇有影响的商人。但从碑中文字我们可以看出，成发茂并没有因为辍读而对读书心存厌恶，而是通过大量阅读来提高自己的修养与德行。由此可见，成家坚信读书是非常必要的。此外，成家对读书的目的也有自己独特的看法。在封建社会，人们大多是为了考取功名而读书，读书俨然成为了一种让人们改变命运、升官发财的工具，但成家却认为读书的主要目的在于“明理”及“敦行孝弟”，而科举考试本身得失有命，不应被其束缚身心，更不应将它当做读书的唯一目的。对于教育的深刻理解与感悟，虽没有让成家出过什么特别显赫的达官贵人，但却令其世代品行端正，知书达理，笃行明智，生活富足，造就了日后成氏子孙在商业上的辉煌。

和其他晋商一样，成家在取得商业成功并积累了财富之后，便在村内大量修建宅院。一方面是生活之需，另一方面也是以此来光宗耀祖。在成家建设的众多宅院中，至今仍保存较好的有成满昌宅、成发昌宅、成春令宅、成楚司宅、成雍富宅、成澄洲宅、成来根宅以及成发茂宅、成发荣宅。在成家所有宅院的主人之中，成澄洲是唯一一位举人。

成澄洲，清光绪年间举人，正六品，官拜登仕郎[7]。成澄洲宅门楼梁上赫然横置一块贞节牌坊（图1–11），文曰：“皇清敕封——登仕郎澄洲成公妻丁孺人节孝坊”，是对成

图1–11 成澄洲宅大门梁上贞节牌坊

7 登仕郎是于唐朝始置的文散官名，在清朝正九品概授登仕郎。

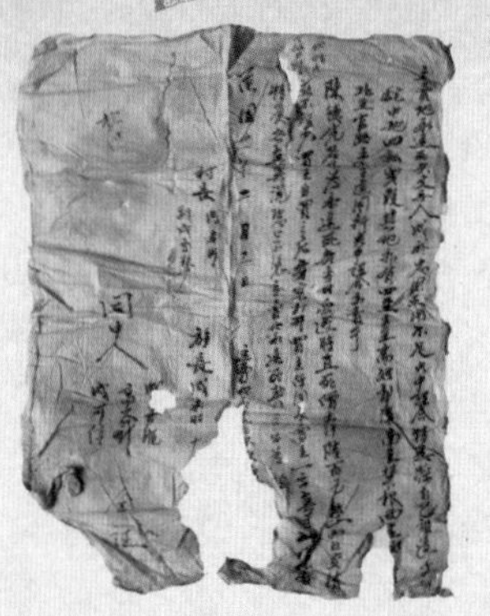
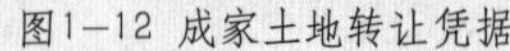
图1-12 成家土地转让凭据

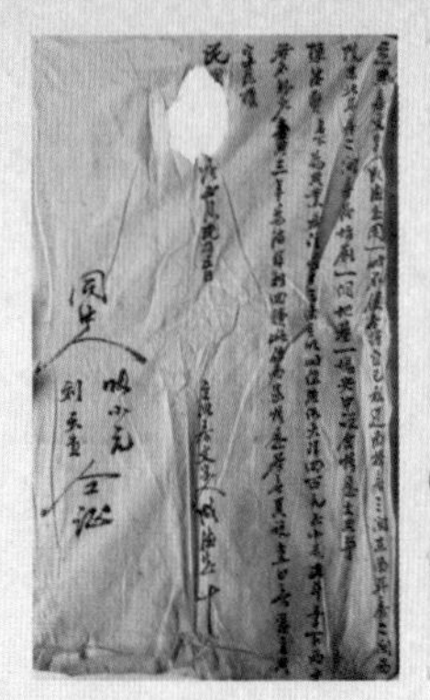
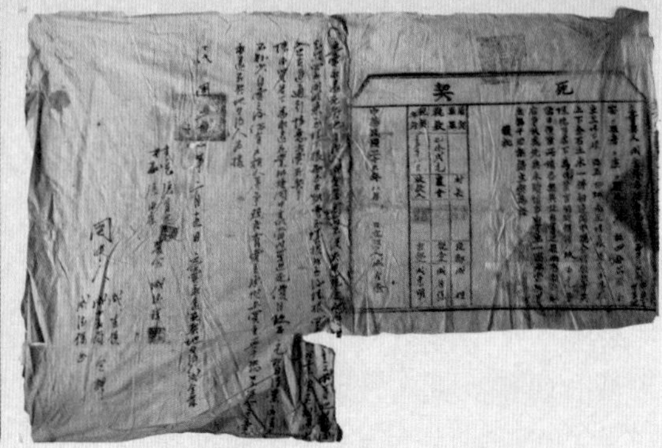
图1-13 成家房屋转让凭据

澄洲之妻丁孺人在其夫去世之后坚守妇道的一种表彰。丁孺人的美名也因此流传千古，成为村中美谈。

在经历了清代中期的繁荣后，成家逐渐走向衰败。清朝末年，甲午战争爆发，此时在南方做生意的成氏商人多数死于战乱之中。而留在村中的成家子孙则沉溺于鸦片，自甘堕落。据村中其他家族内地契、房契及典契（图1-12、图1-13）记载，成家在清光绪年间至民国期间将大量土地和宅院出售或转让，此时的成家已是坐吃山空，雄风不再。

2.杜氏家族

杜氏家族祖籍河南辉县。明朝初期，杜家祖辈杜乃刚从河南迁至山西，定居在高平县的永宁寨[1]。尔后，杜家又分为三支：一支留居在高平永宁寨，一支移居至东黄石村，还有一支迁到了西黄石村。三家虽不同居一处，却时常互有往来。至于杜家入村的确切时间，已无据可考。杜家的杜霞瀛是杜家迁至西黄石村后的第三代，又根据普觉寺功德碑的落款可知：杜霞瀛是清乾隆初年生人。以此往上推两代的话，大致可推测杜家大概是在康熙末年迁至西黄石村的。

关于杜家有这样一个传说：相传永宁寨的张百万家有一年失了大火，房屋被毁，损失惨重。张家迫于生计，误把废墟中烧得变形变黑的白银当做废铁卖给了杜家，从而使杜家有了雄厚的经济实力，并将买卖越做越大。但这不过是传说而已。据杜家后人杜建文先生

1 永宁寨位于山西省晋城市高平县

所叙，杜家的发财致富，主要靠的是盐务生意。古代盐务是一项备受朝廷重视的业务，作为普通的商人，若想取得贩盐的资格，必须在朝廷中有很好的人脉关系，否则难于登天。而杜家在当时很可能就有这样一层人脉关系。

图1—14 杜绍预石匾

在村西杜家武魁院厢房中有半块石匾（图1—14），匾上赫然刻着“杜绍预”三字，背面最右侧有阴刻小楷“巡抚山西兼管提督盐政印务节制太原城守尉兵部侍郎兼都察院右副都御使勒保为”字样。根据武魁院正房花梁文字记载可知，武魁院建于清乾隆四年（1739年），而杜绍预正是这个院的主人。依据先前的推测，杜霞瀛生于乾隆初年，所以杜绍预极有可能是杜霞瀛的父辈。而为杜绍预题字的勒宝又是何许人也？在《清史稿》中有详细的叙述：“勒保，字宜轩，费莫氏，满洲镶红旗人，大学士温福子。由中书科笔帖式充军机章京。乾隆三十四年，出为归化城理事同知。坐事当褫职，高宗以温福方征金川，特原之。授兵部主事，仍直军机处。累迁郎中，出为江西赣南道，调安徽庐凤道。以母忧去官，命为库伦办事章京。四十五年，充办事大臣。累擢兵部侍郎，仍留库伦。五十年，内召。未几，授山西巡抚。五十二年，署陕甘总督，寻实授。五十六年，大军征廓尔喀，治西路驼马、装粮、台站，加太子太保。”[1]可见勒保一生身兼数职，戎马倥偬，是乾隆朝中举足轻重的一位人物。勒宝生于乾隆三年，他和杜绍预并不同辈，而与杜霞瀛年岁相近。于是我们可以推测，杜霞瀛利用勒宝担任山西巡抚的数年，和这位总管盐务的清朝重臣攀上了关系，正是凭借这层关系，杜家顺利地获得了山西一带盐务生意的资格。

盐务生意的成功使得杜家积累了雄厚的经济实力。在杜霞瀛时期，杜家的店铺就已经由山西一直开到了河南的周口，而且沿途每六十里就设一客栈，既做买卖，又可留宿。在这之后，杜家的生意更是越做越红火。鼎盛时期，其在晋城黄华街及豫北共有七十二家字号，可谓名噪一时。

杜家在发财致富之后，于清乾隆年间到道光年间，共在村中修建豪宅大院四十八处。

1 引自《清史稿》列传第一百三十一回《勒保传》。《清史稿》是中华民国初年由北洋政府设馆编修的记载清朝历史的正史《清史》的未定稿，共有五百三十六卷。

图1-15 大河杜氏宅院遗址

除村中的宅院外，在距村北口五百米处的“大河”[1]，也建有数座宅院。据老支书陈腊锁讲，这几座豪宅流传着这样一段故事：相传在清乾隆年间，杜霞瀛一日心血来潮，买来唱戏用的金冠黄袍在绣楼院中厅房楼上称孤道寡[2]。尔后，此事传到州府并上奏朝廷。皇帝闻之大怒，派官兵前来问罪。杜家闻信后，携全家老小，逃到陵川县境内的深山老林以避祸，家里只留佣人。官兵来到杜家后，佣人殷勤款待，并将所谓“龙袍”交与官兵，解释说杜霞瀛只是一时贪玩，实无忤逆之心。官军得此真相，便撤军回京交旨。官军走后，佣人到深山中将主人接回家中。从此杜家对该佣人另眼看待，视其为亲人，并在村北“大河”为他修建了豪宅一座，还给予他大片土地及不少金银财宝。因古时仆随主姓，所以该家院也姓杜。于是从此村中就有了“大杜小杜”、“里杜外杜”之称，同姓却不同宗。但可惜的是，1972年昌沟河发洪水，淹没了村东北的大片土地，而这片位于村北“大河”的杜家宅院亦未能幸免于难（图1-15）。

除宅院之外，杜家还在村中建有石牌楼数座以及杜家祠堂一座。牌楼多建在宅院正门之前，且其前部多插有族旗，高大雄伟，蔚为壮观。杜家祠堂位于杜家义和堂东侧，祠堂中遍设杜家列祖列宗之灵位。此外，村东北部还建有杜氏长廊一段及凉亭一座。长廊始于

1 “大河”为地名，距村子北口约五百米。
2 绣楼院位于村西，曾是杜霞瀛的宅邸。

普觉寺，终于村东口，终点设有凉亭，名曰看雨亭。相传在下雨时，廊道两旁皆有雨水奔流，堪称一景。但杜家在当时所建的牌楼、祠堂及亭台都在新中国成立前被毁，煞是可惜。

杜家颇有资产，且毫不吝啬，对村中的公益事业亦十分关心，总能慷慨解囊，以资相助。普觉寺清乾隆四十九年（1760年）功德碑（图1–16）载："黄石村中社旧有古佛堂，其规制甚隘，一龛一灯之外无余隙以为庄严。乃其迤右，复有别院一区，又形隔势偏，苦难联属。社之首成大儒等欲因势而式廓之，以为春秋报赛之所，惧其费繁且欲拓其规模而地属膏腴，价且不资。议售别院之西辟获价以为增修之用，然亦仅矣。邱山难以蚊负也。爰合社而谋之凤洲杜君。凤洲者，好善乐施之士也，出其资可以独建而大美不居，谓必使里之中量力而施之，余将替其成而弥缝其缺"。大致是说，清乾隆年间，村社首事人成大儒欲重修普觉寺，但苦于资金不足。正当无计可施之时，杜家霞字辈的杜霞瀛慷慨解囊，出巨资相助，最终普觉寺的重修工作得以顺利完成。碑文中的杜凤洲就是杜霞瀛，凤洲是他的字。由于杜霞瀛大义之举，村民们想要为他"特刊一碑"以表其功绩。但杜霞瀛却谦虚礼让，逊于接受。于是几位首事人皆赞美他说："诸君之举，义也。杜君之让，礼也。即其事而言之，两美毕现矣。""杜君让碑"一事也随普觉寺的碑文流传至今，为人们所传诵。由于杜家的这种慷慨大方的品质深得村民之心，所以杜家在村中一直都有很好的口碑。

图1–16 普觉寺功德碑

3.赵氏家族与王氏家族

赵氏家族祖籍为高平县仙井府，族人于明朝初年迁至西黄石村中，历时较为久远。和成家一样，赵家也是西黄石古村中资格较老的一大家族。但在清朝之前，赵家并不显赫，家族规模也比较小。赵家真正意义上的兴盛是在清初期。相传在乾隆年间，赵锦堂考中举人，官拜正六品，自此赵家便兴盛起来。在鼎盛时期，村中义和巷以北的宅院及土地皆为赵家所有，其中比较著名的有义和堂、赵家簸箕院等。但清中末期，赵家由于生意上的变故而迅速衰落。清道光年间（1821～1850年），赵家为了偿还债务而不得不将族内几处重要的宅院卖给当时如日中天的杜家，其中就包括著名的义和堂。在之后的“土改”及“文革”中，赵家又有大量宅院被毁，目前保存完好的仅有村北乾隆年间建造的赵家簸箕院一座。

王氏家族是西黄石古村中最后兴盛起来的一个家族。相传他们在清中晚期才迁至西黄石。通过自身努力，王家人逐渐在生意上取得成功，积累了一些财富。在清朝末年，清王室腐败，鸦片横行，西黄石古村也不幸遭受了鸦片的侵害。成家、杜家、赵家皆沉溺于鸦片之中，家族迅速衰落。他们为了偿还吸毒所欠下的巨额债务，将大片豪宅卖给了王家。如位于金玉街东侧的成氏大院以及位于村西的杜氏宅院等都成为了王家的资产。而在“土改”时，王家的富有反而为他们招来了灾祸，他们首当其冲地成为主要打击对象，自此一蹶不振，也走向了衰败。

四、民俗文化

西黄石村一直保持有淳朴的风俗，形成了 “添仓节”等传统节日和刺绣、打铁等特色工艺，积淀了自身独特的民俗文化，并在村中不断传承发展。

1.添仓节

山西有民谣：“过了年，二十五，添仓米面作灯盏。拿箕帚，扫东墙，拾到昆虫验丰年。”这里所讲的就是添仓民俗。传说农历正月二十五是仓神（仓官）的生日，与粮仓有关的行业及民间均要设供致祭，并有填仓、打囤之俗。添仓，就是农家往仓房囤子里

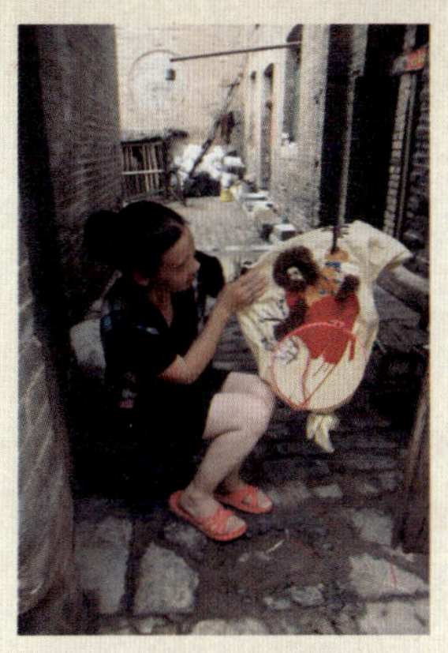

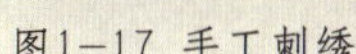

图1-17 手工刺绣

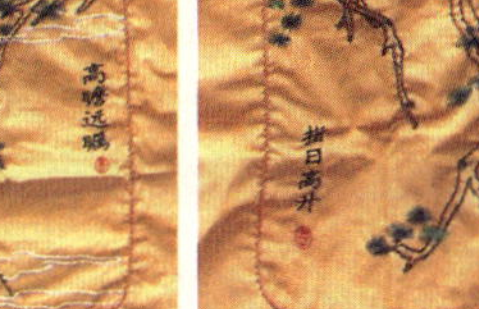

图1-18 大展鸿图

增添粮食，寄托人们对于来年粮食丰收的良好祈愿。添仓节这天，西黄石古村中的每户人家都要捏窝头形状的年糕，以此寓意粮仓。制作时通常先在年糕底部挖小洞，待整个年糕完成后再用一小团糯米填充，俗称“添仓窝”，寓意“添满仓”。

2.刺绣

刺绣是西黄石民间传统工艺之一，花样众多。大多以手工操作为主（图1-17），现今亦有用缝纫机制作者。针法有网绣、乱针绣、桃花、锁丝、铺绒、戳纱等，材料多用帆布、纱带、丝带、珠子等，主要用于服装、枕套、荷包、门帘等，大型刺绣则多装裱起来挂于墙上以供欣赏，内容以花鸟、山水、人物、字画等吉祥图案为主，刺绣技法娴熟（图1-18）。

3.剪纸

西黄石村的剪纸艺术颇具民间特色。工具多用剪刀、刻刀，材料以色纸为主，塑料为辅。逢年过节、婚嫁吉日、喜迁新居时，家家户户都要剪出合适的图样，贴在窗户、器物上，以增添喜庆的气氛。剪纸颜色的选择也颇有讲究，如遇家中办丧事，则第一年贴紫色或蓝色，次年绿色，第三年才可恢复红色。剪纸题材极为丰富，以龙凤呈祥、双凤闹喜、麒麟送子、狮子滚绣球等最具代表性，反映村民的现实生活并寄托美好的希望（图1-19）。

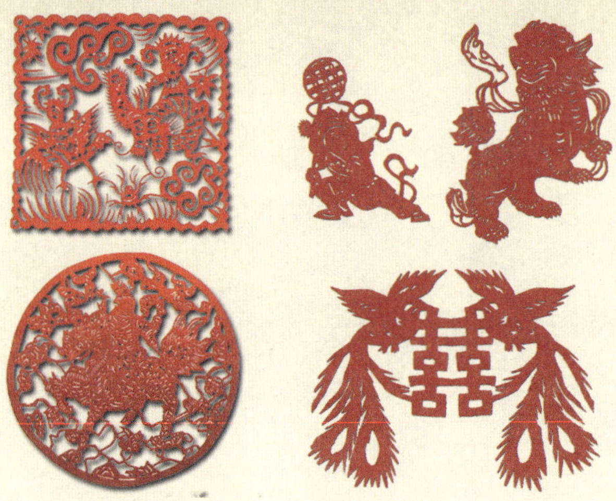

图1—19 剪纸 龙凤呈祥、麒麟送子、狮子滚绣球、双凤闹喜

4.打铁

打铁是西黄石古村重要的传统手工艺之一。时至今日，村中大部分农耕用具依然出自村中老铁匠之手。村中曾有五处铁匠铺，现仅存张氏一家。张家祖孙三代家传打铁手艺，善打锄头、镢头等农耕用具，铁锹、铃铛亦可信手拈来。据老铁匠张师傅讲，其父辈打铁主要靠人力手工，两人一天可以完成一个锄头，现在则依靠电锤，一人一天可以完成约五个。铁匠打铁场面甚是壮观，叮当的打铁声为宁静的生活平添许多活跃的音符（图1—20）。

成家侍郎院至今保留着当地传统工艺打制的门铃。铁铃外形简约，一层薄铁皮，厚度不足两毫米，通体光滑、厚度均匀（图1—21）。其内置两大一小三根铁条，与铁臂撞击时的声音各不相同，形成美妙动听的铃声。

村中修铁工艺也十分精湛。修铁工具十分简单，一桶烧红的炭条，一大一小两把金属镊钩足矣（图1—22）。在铁匠精湛的技艺中，大到做饭锅盆，小到盛水器皿，都能

图1—20 村中铁匠在打铁

图1—21 成家侍郎院手工铁铃

通过这简单的工具得到完美修复。即便在生活富足的今天，许多人家依然愿意将自家的铁器进行修复而不是换新，反映出村民对传统工艺的青睐与认可。

图1—22 村中老人在修复铁器

5.面塑

西黄石古村的面塑以洁白、形象、不走样而著称。每逢佳节、婚嫁、寿诞、祭祀等，西黄石人都要用上好的面粉捏出各式面塑。春节捏枣山、贡、福手、莲花灯，寒食捏蛇盘盘、之推燕等，婚嫁捏花糕，寿诞捏手套，祭祀因所祀对象不同而异，有盘子、面羊、面猪等（图1—23）。用于喜庆的面塑，蒸熟还要点红上色。

图1—23 正月十五供奉的面塑

6.饮食习惯

西黄石的村民吃饭不喜一家人围桌而坐，而习惯三五成群围坐于大院门口或街巷交汇处，左邻右舍边吃饭边谈论家常。这与他们的饮食习惯密不可分。平时，村民的三餐多以面条为主，一家人炒菜分食的情况极少。土地改革后，原有宅院被若干家住户共同拥有，因此一个大院往往住着四五户人家，到了吃饭时间，大家便聚坐在一起，老人回忆往事，孩童顽皮嬉戏，一派其乐融融的景象（图1—24）。

图1—24 老少其乐融融

7.喜丧

图1-25 喜丧灵棚

西黄石村中60岁以上的老人辞世后一般会置办喜丧（图1-25）。锣鼓队开道，家中晚辈与亲朋身着孝服，从村中金玉街出发，往返宅院与丧棚间五次。一般一次恭取一种贡品，名曰“迎贡”，以示对逝者的尊重。

图1-26 祭祀面食

喜丧当晚在灵棚前举办歌舞晚会，主要演唱时下流行歌曲，最后则是地方戏曲，通常为《火烧司马庄》里的曲段“假绍灵堂”，活动持续至夜里十一点，名曰“哄棚”，次日中午起丧并下葬。送葬队途经之处，人们会自发地在街道岔口、庙宇门前、抱鼓石等地方压红纸，俗称“压红”，以示于人于己大吉大利，祝愿逝者顺利通过。贡品主要是方便面、罐头、水果等，当地传统的面食亦不可或缺，并在贡品上缠绕红绳若干，以示祝福（图1-26）。

西黄石古村悠久的历史铸就了它独特的民俗文化，这些非物质文化遗产成为古村精神的重要载体，为宁静悠远的乡村生活增添了丰富的色彩。

【第二章】

西黄石古村的空间格局

KONGJIAN GEJU

一、聚落的形成与生长

1.村落选址

西黄石古村东南有昌沟河环绕，西有群山环抱，北有平原相抵。昌沟河由西沟河和东北向板山的河水交汇而成，平面呈“Y”字形，绕村而过最终南下注入丹河。西山名曰“岭坡山”，山脉连绵起伏，为村落提供了天然屏障（图2-1）。

我们不妨从以下几方面探讨西黄石古村独特的选址：

（1）自然条件因素

优越的自然地理条件是西黄石古村选址的前提和基础（图2-2）。古时西黄石村逢暴雨必遭洪水，而昌沟河的形成正是洪水所致。昌沟河以西相对较高的地势，使古村具备了天然的防洪优势。宽阔的河道将洪水引至西黄石东侧，从而最大程度地保护了古村。村落西北方向的岭坡山，在一定程度上能抵挡冬季西北风，使村落得到庇护。得天独厚的自然条件，成为先民们定居生活和发展农业的决定性因素，为古村后来的发展壮大提供了基本的物质基础。

图2-2 南山鸟瞰西黄石古村全景

(2) 风水观念

风水观念是西黄石古村选址与发展的主导因素之一。西黄石先人将村落选在昌沟河与西南两山形成的狭长地段中，南北长而东西短，地势北高南低、西高东低，隐喻"坐北朝南、坐西朝东"。明代《风水辨》载："所谓水者，取其地势之高燥，无使水近夫、亲肤而已。若水势屈曲而又环向之，又其第二义也……所谓风者，取其山势之藏纳，……不冲冒四面之水，又其第二义也。"[1]西黄石古村地势由东至西逐渐抬高，延伸

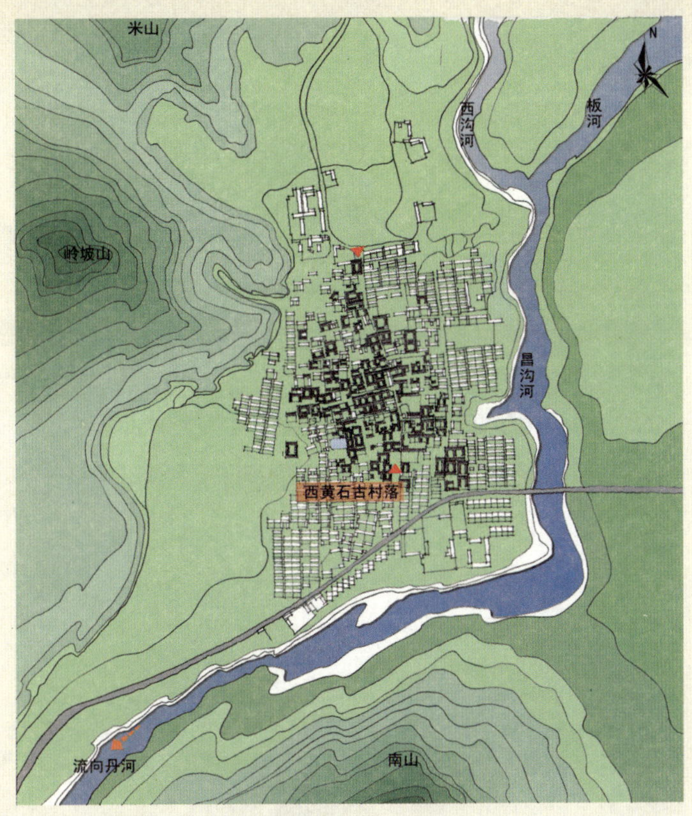

图2-1 西黄石古村选址布局示意图

1 (明) 项乔著《风水辨·第一卷》。

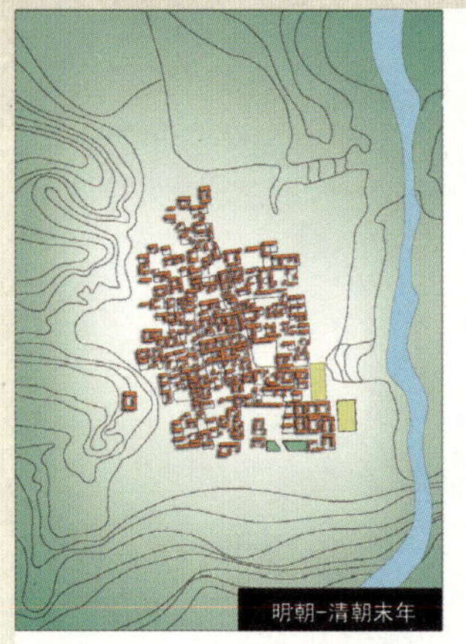

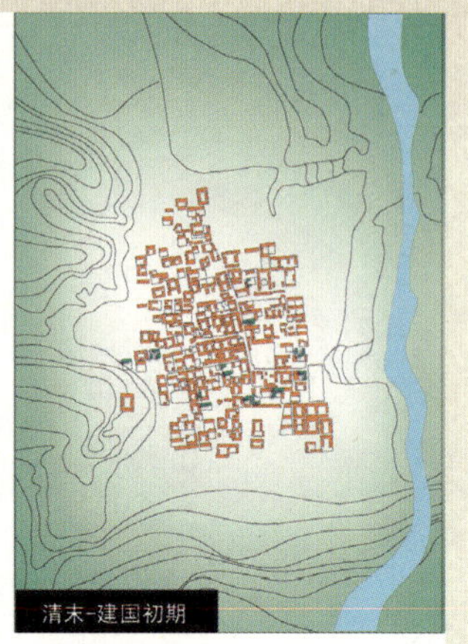

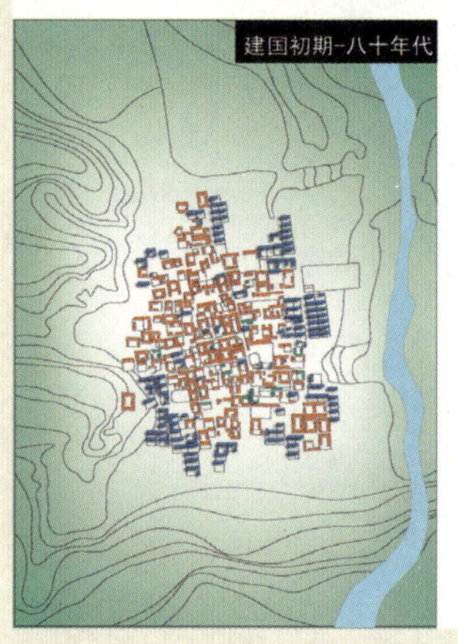

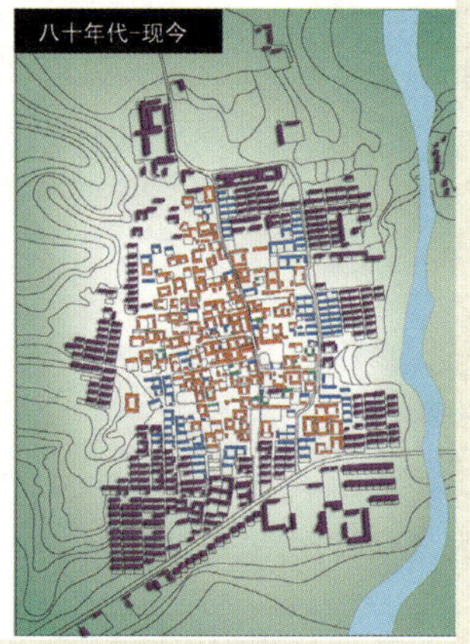

图2-3 西黄石古村村落形态演变示意图

至岭坡山，占据了较高的地理位置。昌沟河则沿村落东侧环绕至南侧，在古村东南角形成转折，封住村落东南门户，形成屏障，风水学称其为"水砂口"。"水口若无砂，则水势直奔而出"[1]。古人认为，河流带给人们财富，但财富顺流而走则为不吉。因此，若沿河建村，必同时考虑山水。西黄石古村正是巧妙地融合了山水之势，并将村落入口置于中轴南端，与昌沟河出水口方向一致，不仅遵循了风水学说，也满足了人们心理上的需求。

在受到地理环境以及风水观念作用的同时，西黄石古村也受到宗族观念、土地制度以及风俗习惯等方面的影响。在这些因素的共同推动下，西黄石古村的聚落形态一步步发展和演变。

2.村落形态演变

人类作为村落空间的创造主体，是诸多关系的集合体。西黄石古村形态的演变正是人与自然共同作用的结果。通过对当地村民与建筑的调研，我们可以大致推断出西黄石古村的最初形态：古村平面呈近似矩形，东西约240米，南北约400米。村落此后的发展大致可

1 风水学说中将水流去处的两岸之山称为水口砂，"砂"是碎石子的意思，现实中多"以砂喻山"。

分为四个阶段：明末—清初、清初—新中国成立、新中国成立—改革开放、改革开放—现今（图2-3）。从村落演变中可见，西黄石古村自明朝到新中国成立之初一直保持相对稳定的形态，村落中间密而四周疏，呈现明显的自发聚落形态。改革开放之后，随着人口的大量增加，居住区逐渐向西南和东北的平地发展，出现了较为明显的变化。新建区不仅填充了村落周边原有的空隙，且逐渐向外扩张。有趣的是，这种规划的痕迹呈现一种“包饺子”式的形态，古村的核心组团、基本的道路系统等都得以完整保留，新建建筑大多环绕村落周边，以近似于同心圆的方式扩建，使村落风貌产生了明显的变化，形成了今天我们所看到的村落形态。

陆元鼎先生认为，我国传统聚落形态主要分为两大类[2]：一类是由自然因素占主导地位而自发形成的村镇，这类村镇村落多临水布局，或沿河一岸，或夹河两岸等；另一类是社会因素占主导地位的具有一定意图布局的村镇，这类村落主要表现在具有某种寓意的布局形态上。而现实中的村落形态并不仅仅依赖上述某一因素，更多的是两者相互作用的结果。西黄石村位于昌沟河形成的冲击平原处，背山面水，自然条件对村落的形态起到了重要作用。在此后的发展中，社会性因素对村落形态的影响日益凸显，村中几大氏族的兴衰使村落布局不断改变并一直延续至今。

二、村落格局

1.总体布局

西黄石古村格局可概括为“点线面”的结合：“点”即村落中公共空间节点，“线”即金玉街及其他支巷构成的道路骨架，“面”即村落中具有相当规模的居住建筑组团。西黄石古村以金玉街为中轴线，南北串联起各个空间节点，进而构架起村落整体格局。通过对村中遗存碑文、村民的回忆及建筑遗迹的考察，我们可以概括出西黄石古村的布局特点如下：

2 陆元鼎主编.中国民居建筑·上卷.华南理工大学出版社，2002年，第116～118页。

（1）街巷曲折蜿蜒，随河势、地势及建筑群落而变化

西黄石的街巷形态“因天势而就地利”。山水走势的变化，以及由此而衍生出的建筑群落布局，都是街巷形成和发展的重要条件。形成于明末清初的金玉街，南北向贯穿全村，依次与东西向的张家巷、九字巷、八字巷、午台后巷、道东巷及义和巷交汇，构成了整个村落的骨架。街巷地势缓慢变化，南北高差近3米。高差不设台阶，而以缓坡形式过渡延续。地面以方形石料铺砌，两侧亦有砖块纵砌，形成一条自然的排水沟渠，同时也为街巷地面肌理注入新的元素（图2-4、图2-5）。

图2-4 曲折变化的金玉街

图2-5 金玉街街景速写

（2）建筑组团分区明确，功能完整，依靠街巷保持组团之间联系

从村落格局角度看，古时西黄石村分为三大组团，以方位划分为北社、中社和南社。三大组团的划分主要以街巷为标志。“北社”北起祖师庙，南至义和巷；“中社”北起义和巷，南至九字巷；“南社”北起九字巷，

图2-6 西黄石古村道路系统分布图

图2—7 八字巷街景

南至张家巷。各组团以巷道牌坊进行标识，内部还有多条支巷进一步划分空间。遗憾的是，巷道牌坊现已毁，我们只能通过村中老人的记忆及残留的基石来推断当年的分区。

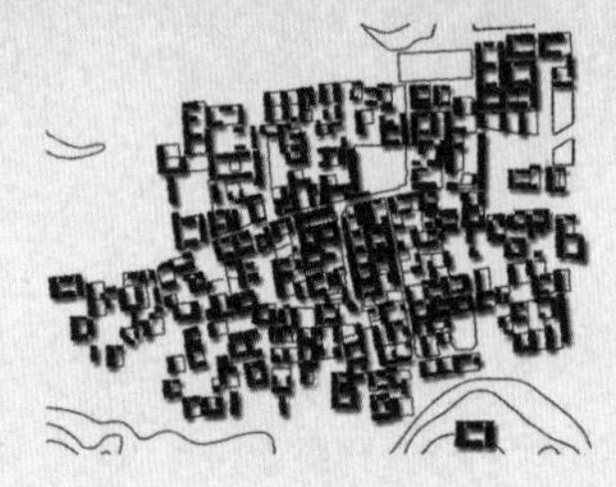
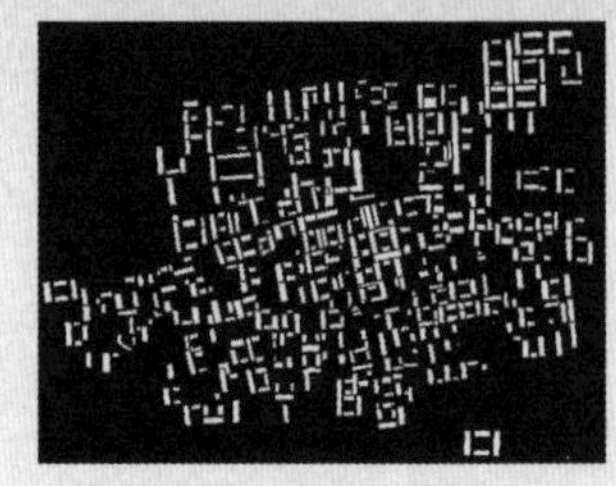
图2-8 西黄石古村落中民居所形成的虚实空间对比

从建筑类型角度看，西黄石古村有着功能完备的各类型建筑。居住建筑主要以组团的形式均匀分布于古村的三社之中。组团规模宏大，多为三进四合院，或平行排列，或丁字连接，充分利用地势特征进行变化组合。公共建筑和商业建筑则主要分布于“中社”，呈连续的点状排布。

2.村落肌理

（1）村落道路系统简洁流畅，格局划分明确

西黄石的村落肌理，主要依托街巷空间的布局和形态得以表现（图2-6）。街巷的走势、尺度以及比例关系等，结合地形条件和院落布局，并根据居民需求而逐渐形成。西黄石古村道路以“南北为街，东西为巷”，金玉街作为村中唯一南北走向的主街，将村落一分为二，多条与之交叉的支巷则在此基础上对片区进行横向分格（图2-7），因此形成了以金玉街为纵向分区、多条巷道为横向分隔的“一纵六横”式道路布局。

（2）村落虚实空间富于变化，比例适中

西黄石古村的公共空间是由居住建筑间的相互“挤压”而自发形成的。我们不妨定义古村中建筑占地空间为“实体空间”，街巷、空地等由建筑“挤出”的空间为“虚体空间”（图2-8）。从图的关系中可以看出，西黄石古村落“实体空间”与“虚体空间”接近1：1，这意味着私密空间在整体上保持平衡。“实体空间”过多，意味着村落中私密性过强，村落呈现自我封闭的状态；反之，若“虚体空间”过多，则在一定程度上代表村落整体结构过于疏散，特别是当院落点状分布时，村落的进一步维系将会十分困难（图2-9）。西黄石古村虚实空间保持相对平衡和稳定，村落道路骨架清晰明确，为村落的进一步发展和壮大提供了形态上的基础。

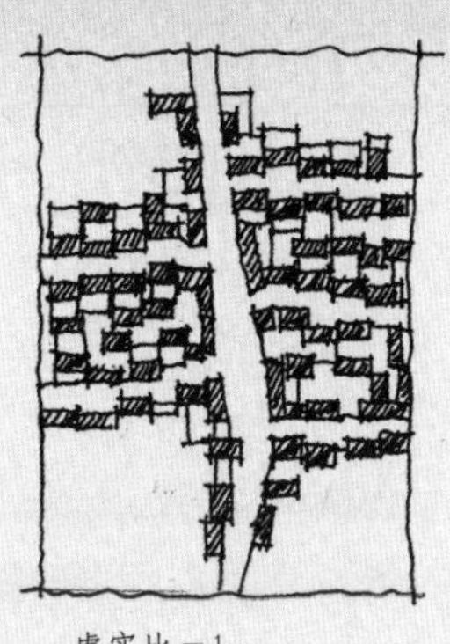

虚实比＝1

街巷空间骨架清晰，宅院空间疏密有致，村落自身结构富有生机。

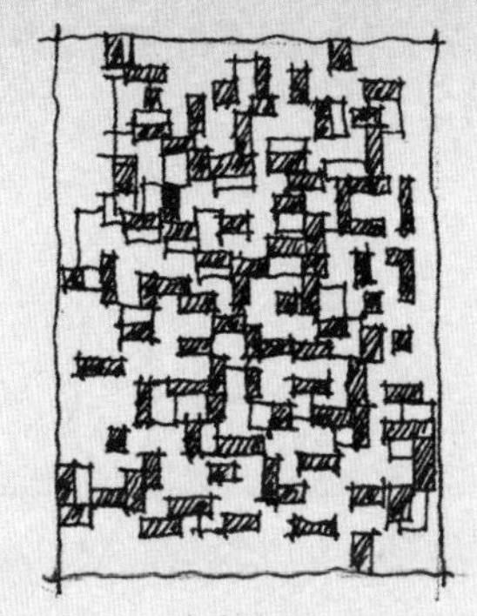

虚实比<1

街巷开放空间被挤占，聚落充斥密集建筑，村落呈现过于自我封闭状态。

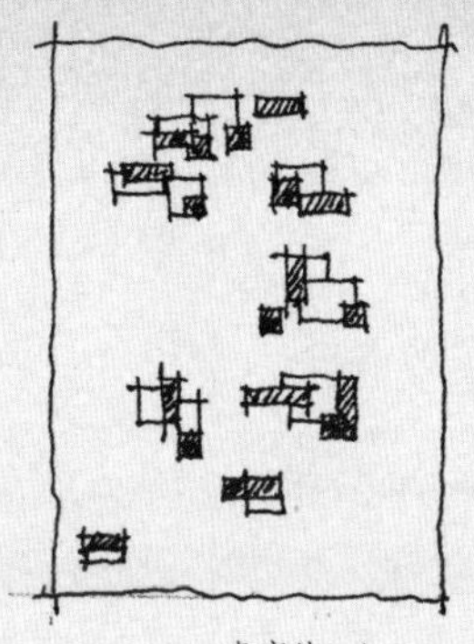

虚实比>1

街巷开放空间过多，个组团之间缺少必要的联系，村落呈现松散结构。

图2—9 村落不同虚实空间比对示意图

三、街巷空间

1.空间特征

街巷是村落在形成和发展的过程中逐步成型的，并非规划的产物，而是在建筑的建造、排布中自发形成的公共空间，这与现代规划上的道路截然不同。下面，从街巷的空间尺度和功能两方面来讨论西黄石古村街巷的具体特征。

（1） 空间尺度

我们将西黄石 “一纵六横”的街巷空间尺度一一梳理，得到下表（表2—1）。

西黄石的道路宽度与周边建筑高度之比主要集中在0.3～1.2之间。其中，金玉街宽高比变化最大，从0.5～1.2，这意味着其空间尺度收放较为多样，这是由金玉街作为主街的性质所决定的。而其他横向街巷，宽高比跨度变化较小，一般不超过0.5。除义和巷外[1]，其他六条街巷宽高比都比理论上的道路取值要低。但人们行走其中并不感到压抑，而是舒适宜人，分析原因有三：

首先，西黄石古村中的街巷空间很少有直线，往往曲折幽深。每条具体的街巷，均在

1 义和巷曾在新中国成立后扩建，原貌现已不可考。

西黄石古村落各街巷宽高比统计 表2-1

街巷名称	路宽 D(M)	剖面示意图	街巷宽高比 D/H
金玉街	3~6		0.5~1.2
张家巷	2.5~4		0.3~0.6
八字巷	3~5		0.4~0.8
九字巷	2~3.5		0.5~1
道东巷	1.5~2.5		0.8~1.2
午台后巷	2~3.6		0.5~1
义和巷	5~6		1.5~3

图2-10 金玉街速写

“起承转合，曲径通幽”。以金玉街为例，街巷平面呈弓形向东突出，尺度变化、空间收放变化多样，给人以不同空间体验（图2-10）；

其次，巧妙运用光影关系，西黄石传统民居墙面多采用土黄色清水砖，对光线折射较强，所以即使在宽高比小于1的情况下，也可形成开阔明亮的空间；

再次，古村中大量精美的建筑装饰如门楼、檐口、花窗等，赋予墙面诸多细微变化，不断吸引人们的视线进行转换，这对于丰富空间也起到积极的作用。

图2—11 孩童在金玉街嬉戏

(2) 使用功能

西黄石古村街道除了具备基本的公共交通职能以外，还有一些潜在的功能。

首先，街巷中渗透了广场功能。实地调研中发现，古村中并没有明确的广场空间，但却经常可以看到人们聚在一起活动的角落。村落中的街巷其实承担着广场的作用，广场蕴含于公共交通之中。街巷的每一个角落里都蕴藏着广场的“神”。人们可以充分地利用街巷交汇的空地聊天、嬉戏（图2—11）。

其次，街巷是串联起各个公私空间的载体。古村的所有街巷形态并非纯粹的直线，而多呈现曲线、凸凹型。这种变化，形成了丰富的空间体验：直线型街巷容易产生强烈的透视感，使人紧张，人行其中缺乏停留的意愿；而由建筑凸凹排布而形成的“串糖葫”式街巷，则明显缓解了笔直街巷的强烈透视感，形成小尺度的空地；曲折变化的街巷，反而利于引导人们视线向前探索，趣味十足（图2—12）。

2.重要街巷空间

西黄石古村众多巷道大多保留完好，形式多样，或开敞明亮或曲径通幽（图2—13、图2—14）。这其中，以街巷交叉口和空地广场最具特色。

(1) 街巷交叉口

路网交叉点，是街巷空间的重要组成部分。交叉口的形成主要由建筑外部形态制约所

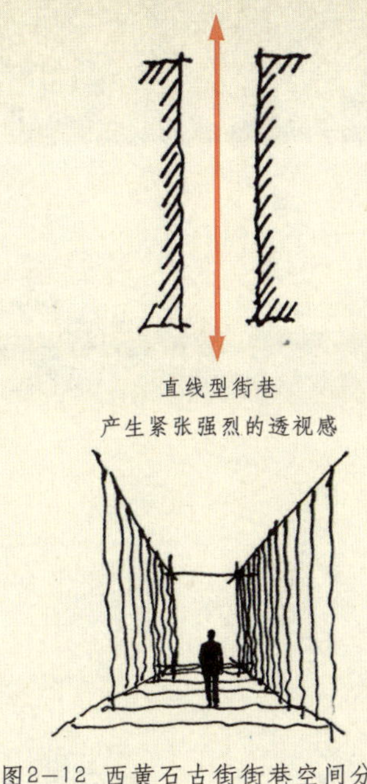

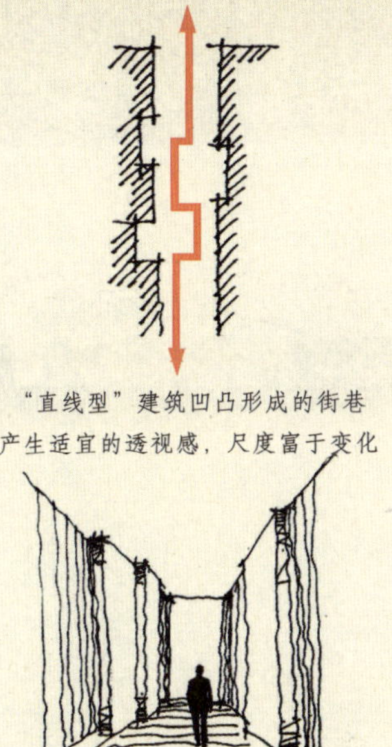

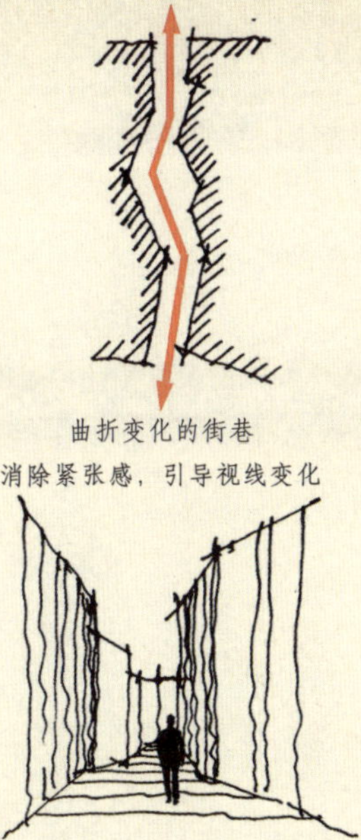

图2–12 西黄石古街街巷空间分析

致，其尺度、规模及平面形式都是使用者行为生活规律的具体体现。

①主要街巷交叉口空间形态

这里的“主要街巷空间”是指金玉街与其他横向巷道交汇所产生的交叉口空间。通过调查记录分析可以看出：西黄石古村巷道的交叉口以“丁”字路口为主，辅以少数“十”字交叉口（图2–15）。从空间感受上看，十字路口具有强烈均匀性，垂直正交则显得紧张，具有一定排斥性，为道路的识别带来些许困难；而“丁”字形交叉口具有较强导入性，因而更易成为道路系统的标志，如图2–15。

这些道路交叉口又通过院落之间的错列布置、倾斜排布等产生变化（图2–16）。使巷道通畅无阻的同时，又增强了街巷的变化性和可识别性，如图2–16所示。

②次要街巷交叉口空间形态

“次要街巷交叉口”是指分布在入院巷道、尺度较小的公共空间。规模虽不及前者，但仍不乏有趣的空间体验。一般通过宅院院墙的前后错动、宅门的出入进退而形成具有缓冲空间的道路交叉口（图2–17）。这种空间既满足了各院落内部的私密性，又巧妙地将各个院落联系起来，丰富了公共空间。

图2-13 金玉街东立面实景

图2-14 金玉街西立面实景

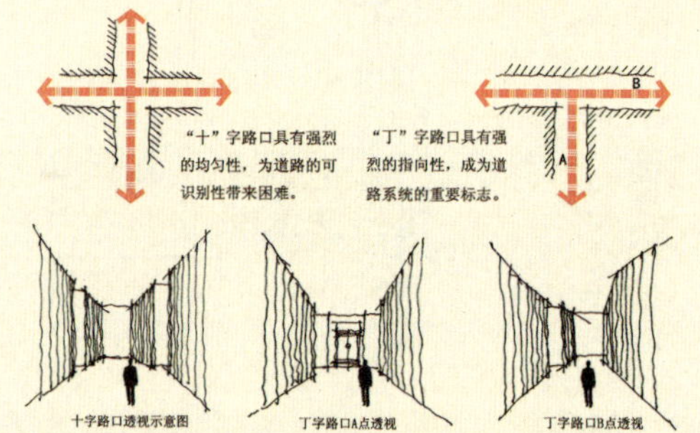

图2-15 西黄石古村道路系统交叉口分析

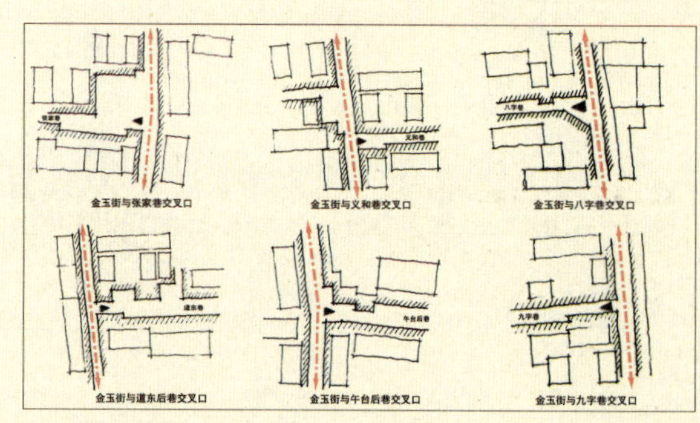

图2-16 主要街巷交叉口空间形态示意

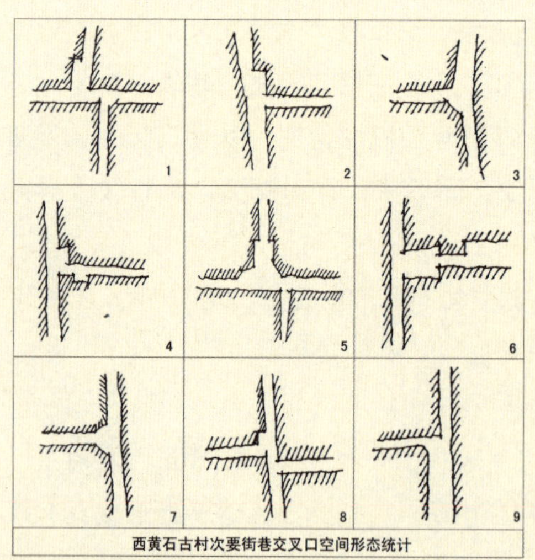

图2-17 次要街巷交叉口空间形态示意

(2) 广场

西黄石古村三大组团片区内，拥有各自独立的“广场”。村民常在此进行社会性活动，诸如集会、祭祖、婚丧嫁娶等。由于百姓公共活动多与祭祀婚丧有关，因此庙宇成为统治空地广场核心。村落中已有的空地广场或与庙宇相连，或位于庙宇之内。时至今日，这些广场仍是百姓日常生活中不可或缺的一部分，且没有两处完全一致的广场空地空间，它们都各有特点（表2-2）。

①街巷“尽端式”空地广场——张家巷与金玉街

这类空地主要由不同住户宅院围合而成（图2–18）。一般将街巷端口一侧打开，进而形成广场空间。街巷端口尺度被强烈放大，使广场与街巷发生直接关系，相互间具有一定干扰。这些空地现已被附近住户占据，有时成为堆放杂物和生活废弃品之地。

②街巷“对景式”空地广场——八字巷与杜家财神庙

这类空地一般由某一氏族建筑围合而成，并与公共街巷有序分开，既保证了街巷本身的完整，又将街巷与广场有机地结合起来。八字巷与杜家财神庙形成的空地广场并不在八字巷内，而与八字巷隔街相对，形成街巷对景（图2–19）。这里曾经是杜家财神庙的所在地，也是“中社”规模最大的公共空间。广场对面是“T”形路口，具有一定开放性和可达性，因此成为极具活力的一种广场形式。

③街巷“一侧式”空地空间——金玉街北端

祖师庙与周边建筑共同围合而

西黄石古村街巷空地广场空间形态列表　　表2–2

位置	金玉街与张家巷	金玉街与杜家财神庙	金玉街与祖师庙
所属区位	南社	中社	北社
平面形态	Y	C	D
空间形态	近似方形	近似方形	狭长矩形
建筑特征	由多户不同住宅建筑围合出的公共空间。	由某一氏族私有建筑围合出公共空间。	由祖师庙以及周边住宅围合出公共空间。
相关联的寺庙	关帝庙	杜家财神庙	祖师庙
关联街巷	金玉街、张家巷	金玉街、八字巷	金玉街
空间描述	街巷尽端式广场	街巷对景式广场	街巷串通式广场
使用现状	偏于废弃，大多存放杂物等，并有空间私有化之势。	村中老年活动中心，广场使用效率较高，并有空间向外蔓延之势。	村落北入口与小学入口处，具有一定空间活力。
现状实景			

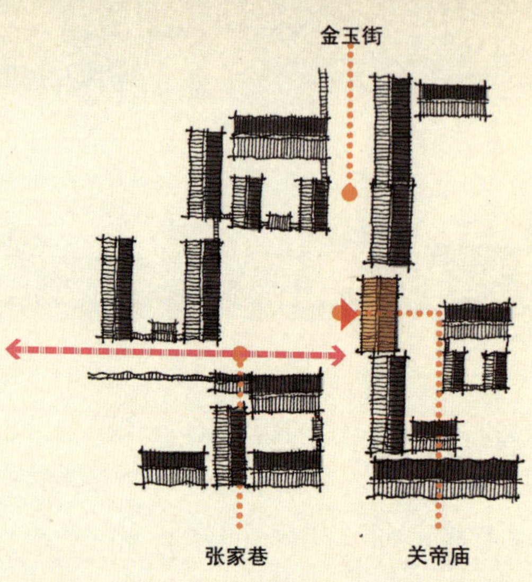

图2—18 “南社”：金玉街与张家巷空地广场平面示意图

成的空地空间并非严格意义上的广场（图2—20）。这类广场呈“D”形平面，由建筑错动排布形成连续的、凸凹变化的空间，其形态并不规整，甚至可用歪歪扭扭来形容。但也正是这看似简单的形式，成就了一个充满生活情调的公共空间。

西黄石古村这三个具有代表意义的空地广场，虽然空间体验各不相同，但均与村落街巷有直接关联。换一个角度来看，正是街巷、空地广场及其之间的联系，构成了西黄石古村落的格局骨架，成为表达聚落空间特色的重要组成部分。

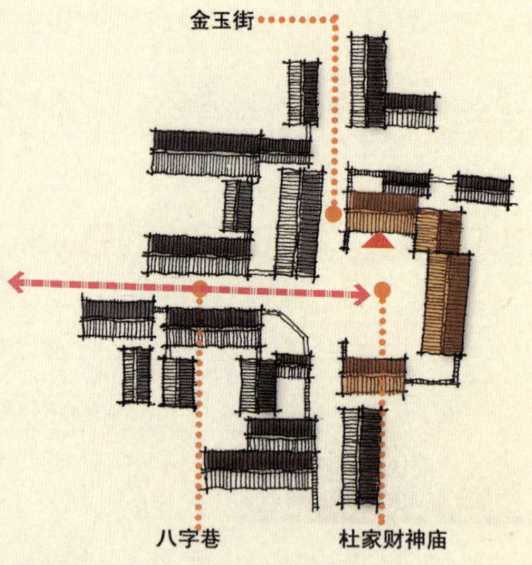

图2—19 “中社”：八字巷与金玉街空地广场平面示意

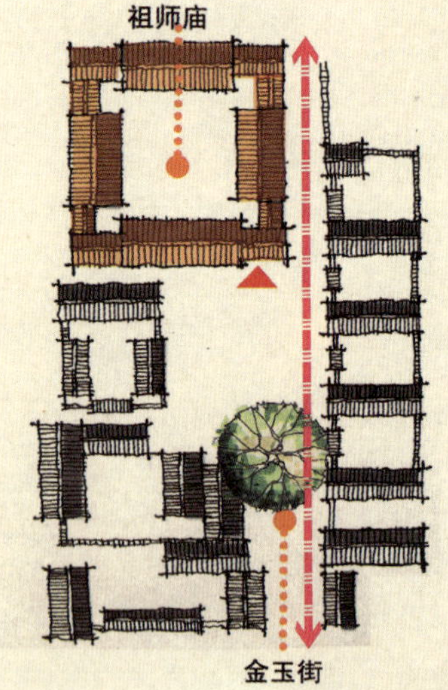

图2—20 “北社”：祖师庙与金玉街空地广场平面示意

【第三章】

西黄石古村的居住建筑

JUZHU JIANZHU

一、居住建筑概述

居住建筑是西黄石古村中最重要的建筑类型，为人们提供遮风避雨的栖息场所（图3-1），其建筑规整严谨，外观庄重大气，细部精雕细琢，大小院落鳞次栉比，并主要形成以下几个方面特色。

图3-1　薄雾笼罩下的西黄石古村民居群

1.院落构成

(1) 院落组合

西黄石古村宅院基本构成元素有正房、厢房、倒座、庭院等。通过基本元素的组合，产生了多种合院类型：进深方向由四合院纵向串联，多为二或三进，各院落间由垂花门或过厅串联；横向则由四合院并联，以形成更大规模的院落群（图3-2）。这种串、并联方式大多为大户人家所使用，如杜家义和堂与文魁院、成家兄弟大院群等（表3-1）。

图3-2 成家大院群鸟瞰

西黄石古村典型大院群一览表 **表3-1**

	杜氏家族大院群	成氏家族大院群	赵氏家族大院群	王氏家族大院群
建筑形制	四大八小	四大八小	三大四小	四大八小
建筑结构	抬梁式	抬梁式	抬梁式	抬梁式
院落规模	三进	三进	一进	一进
屋顶形式	硬山	硬山	硬山	硬山
代表院落	杜家义和堂	成家兄弟大院群	赵家大院	王家大院
建造年代	道光六年	约乾隆四十年	乾隆乙丑年	——
代表人物	杜和隆	成发茂、成发荣	赵锦堂	——
选址区位	义和巷中部	村东南角	村东北角	金玉街中部
占地面积	约1200平方米	约2000平方米	约400平方米	约500平方米
描　述	布局集中，主要分布在西黄石古村中心区	奠定了西黄石古村居住建筑的雏形，村中大量民居为成家氏族修建	数量较少，但建造形式与众不同，东西耳房高出正房	大院原为成家建造，后王家买下。院落仅一进，且成狭长状

（2）庭院空间

庭院平面形状多呈“工”、“T”字形，端部被厅堂和倒座的出檐遮挡，主体空间呈“口”字形。从平面看，庭院宽不过三间，长宽比一般介于1～2之间。地坪分三个层次，正房地坪最高，两厢、倒房次之，院心地面最低。庭院空间界面以四周实墙为主，没有顶部界面，但正、厢房的出檐使庭院上空尺度被进一步压缩。与上空的露天部分垂直对应的是下沉的院心地面，上下部分的透视感强化了庭院的轴线感。

（3）入口空间

门之于建筑犹如脸面之于人一样重要，因此宅主定要花费一定的精力和财力装饰门面。旧时男女婚嫁很重视门第，讲究“门当户对”。事实上，大门确实能够反映宅主的社会地位和经济实力，所谓“豪门深宅、简门陋院”。西黄石古村的宅门主要可分为三类：高大凝重的大门楼（图3−3、图3−4）、院内巧饰华丽的屏门（参见图3−60）和砖砌拱门（参见图3−86）。门楼一层通常为宅院的出入口，装有厚重的木板门扇，上面悬有木质门匾，门匾多用油彩写上宅院名称或书以“安且吉”等文字。门楼二层常以外廊栏杆和不可开启的木格窗组合，给人高高在上、门第深远的感觉。

图3−3 成春令宅通天大门楼

宅院入口一般沿巷道布置，没有固定模式。建造方式因地制宜，入口空间形态各异，见表3−2。

图3–4 杜家文魁院通天大门楼

西黄石古村居住建筑入口形式分析　　表3–2

编号	实景照片	入口平面形态	宅院	周边街巷	入院方式	形态分析
1		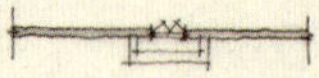	成宅（宅主不可考）	支巷（无名）	平入	最普遍的入院方式之一，西黄石古村新建房屋大多以此方式入户。其优势在于院门入口空间大小较为适宜，并且很好地强调了入口。
2			成发茂宅	支巷（无名）	上入	现存古村中完整宅院的入口代表。门柱内嵌于外墙，一方面强调了入口门楼的体量，另一方面也有效地避免了过多占据宅前空间。
3		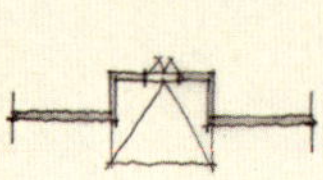	成家大院	午台后巷	下入	一般由于宅前空间可能较宽阔，用在除金玉街外的其他支巷中，可以强调入口的空间变化。
4		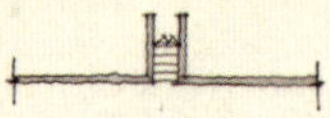	成宅（宅主不可考）	金玉街	上入	此类入口在金玉街中十分常见。因金玉街自身宽的制约，两侧的住宅门楼不得不将入户空间内收，以求街巷公共空间的完整性，最大程度地节约宅前空间。
5		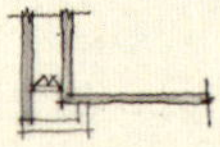	杜家大院	八字巷	上入	宅院入口位于宅院一端，依靠山墙作为支撑，在八字巷、九字巷等杜家大院群中常见。
6			王家大院	金玉街	平入	平面呈楔形，将直角外墙切去一角，使有限的宅前空间放大。一来方便车马进出，另一方面也增加了宅前空间的领域感。
7		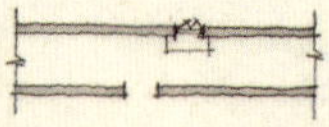	成满昌宅	金玉街	平入	通过院门与宅门的错动布置，创造了“犹抱琵琶半遮面”的空间体验。避免了街巷外部的喧嚣的同时，又营造了连接私有与公共的过渡空间。

2.营造技术

西黄石古村房屋多为两层建筑，抬梁式木构架，面宽三间，进深五檩（图3–5）。沿房屋进深方向架两层叠架的梁，梁逐层缩短，层间垫有短柱，形成三角形屋架。相邻屋架间，各层梁的两端和最上层梁中间小柱上架檩，檩间架椽，构成双坡顶房屋的空间骨架，房屋的屋面重量通过椽、檩、梁、柱传至基础。结构传力清晰明确，一气呵成。我国古代建筑为木构体系，安装完最上一根脊檩就算完成了整幢房屋的大构造，之后便是铺设屋顶和筑造四周墙体的工作，所以古人都把“上脊檩”当作建造过程中最为重要的一道

图3-5 抬梁式屋顶结构

图3-6 上脊檩行书写建造信息

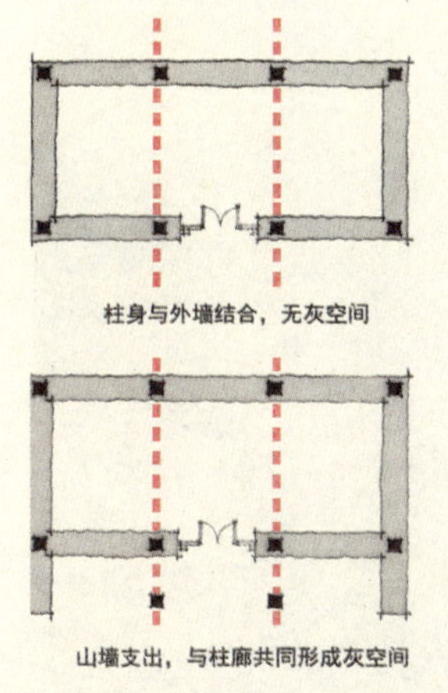

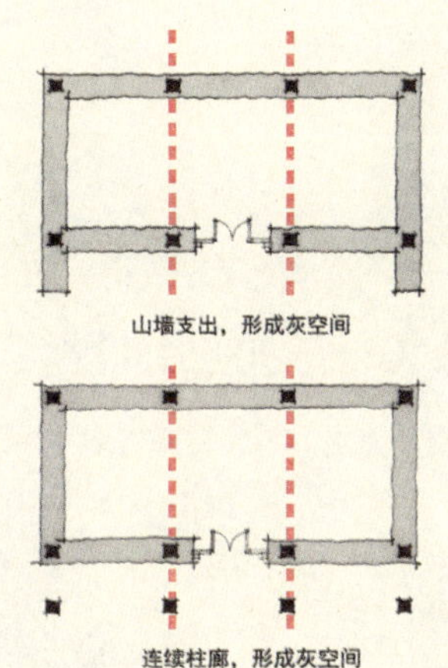

图3-7 四种不同的建造方式

工序，特别要选择黄道吉日，在脊檩下方用墨笔写上建造年代、宅主姓名、建造工匠和建造内容，村中俗称“上花梁”（图3-6）。大部分房屋将承重柱与墙结合起来建造，亦有少部分房屋将承重柱与外墙脱开，各自独立（图3-7）。

3.立面构图

（1）西黄石古村居住建筑立面构图重点不在墙身，而在于屋顶。

居住建筑屋顶清一色为硬山，外形朴素平和，利用不同瓦片排列形式形成不同的肌理，如倒座、门楼屋顶多以仰瓦覆盖，只在两侧边缘用仰、覆瓦咬合，强调屋顶轮廓，突出屋面轻巧舒展的特征（图3-8）；而等级较高的正房屋顶，则多用仰瓦、覆瓦相互叠合，形成密实的屋面（图3-9）。“仰覆结合，虚实相生”的屋顶形态，成为西黄石民居立面的重要构图语言。站在高处俯瞰古村，错落有致的灰瓦下，掩映的是平凡质朴的乡村生活。

图3-8 轻盈的仰瓦屋面形态

（2）西黄石古村的居住建筑十分注意立面构图比例。

以成发茂宅三进院东厢耳房为例（图3-10）。一层是宅主心腹下人的居所，二层用于储物。与正房相比，这里既无精美雕饰，亦无高大体量，立面构图却十分讲究。拱门使厢耳房的入口尽可能减小，从而使院落中各个建筑有了等级之分。屋面占据立面四分之一，二层栏杆处方形构图与黄金分割矩形相互结合，立面上比例协调，显得通透而富有诗意。

图3-9 厚实的覆瓦屋面形态

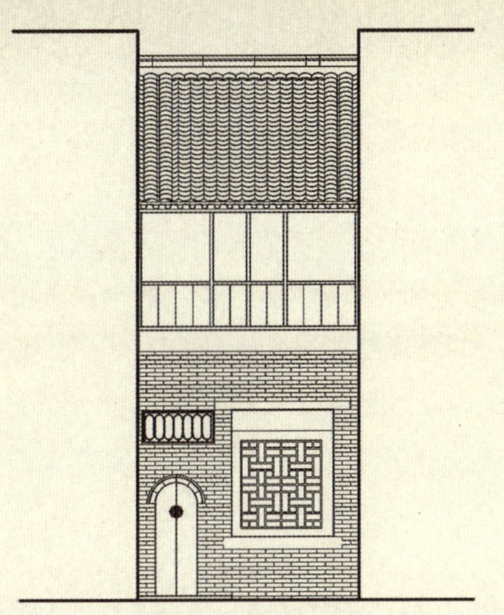

图3-10 成发茂宅三进院东厢耳房立面比例分析

4.人文关怀

随着岁月的流逝，历史建筑不断遭到损毁，难能可贵的是，西黄石人习惯于在原址进行房屋的重新修建。村民对祖辈留下的家园格外呵护，并在房屋修缮时尽力做到“修旧如旧，面目不变”，体现了西黄石人对这块土地的眷恋和热爱（图3-11）。在当地的走访调研过程中，我们总能感受到老人们对老宅的留恋之情，他们经常会将房屋的“根石”（即房屋散水基石）作为家宅的一种象征和标志。这种自觉的行为基本将村落的肌理完整保留了下来，这对西黄石古村落的保护与发展是弥足珍贵的。

图3-11 原址重修正房

西黄石居住建筑中厚实的墙体、曲折变化的宅前空间以及精美的雕刻装饰等也极富特色，它们共同组成了西黄石古村独有的居住建筑文化，成为村落发展与变迁的重要载体。

二、杜家大院建筑群

1.杜家大院建筑群概述

相传杜家于清初迁入西黄石古村，靠贩盐迅速致富，成为村中第二大姓氏，于乾隆至道光年间在村中大量修建房屋宅院、宗祠庙宇。推测杜家鼎盛时期，其建筑群占地面积达1.5万平方米，院落四十余座，房屋百余间，亭台楼阁五十余处（图3-12）。时至今日，杜家大院依然是西黄石古村现存规模最大、保存最为完整的民居建筑群。

杜家大院建筑群现存院落二十九座，集中于八字巷（图3-13）、九字巷（图3-14）、

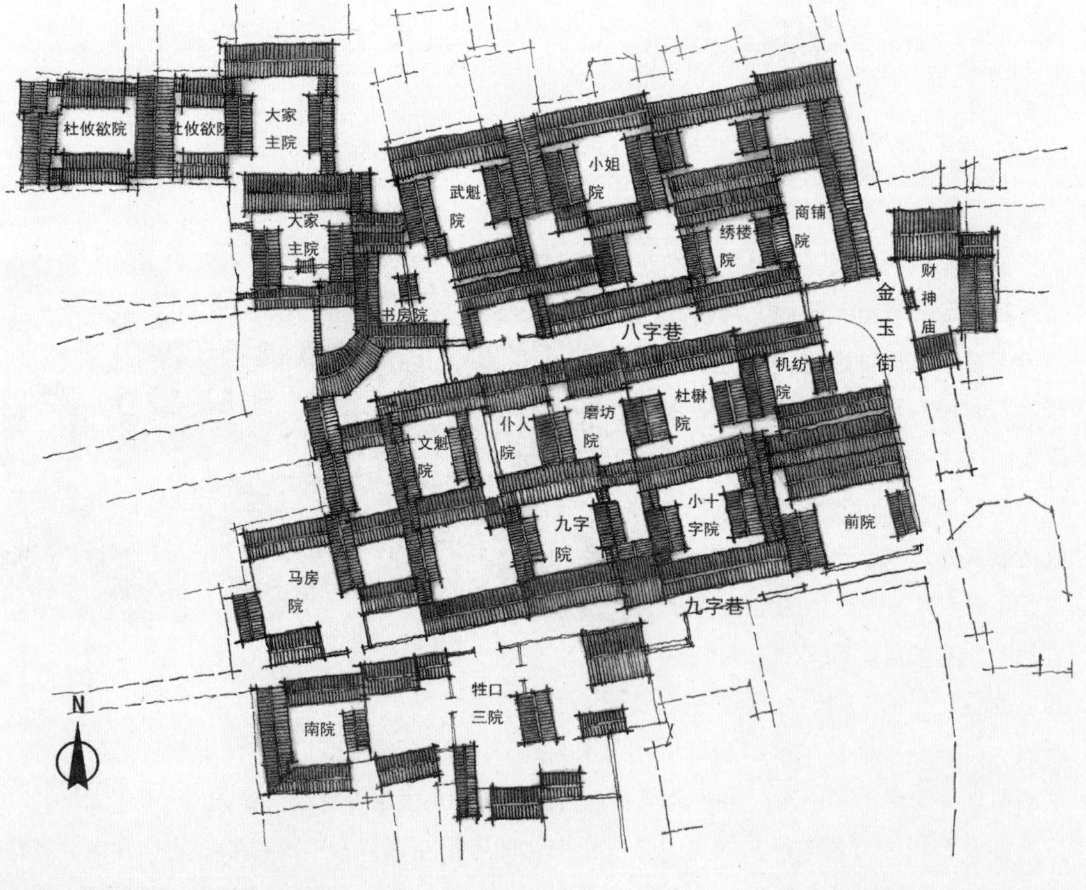

图3-12 杜家大院群复原平面图

图3-13 八字巷

图3—14 九字巷

图3—15 八字巷东头

图3—16 九字巷西头

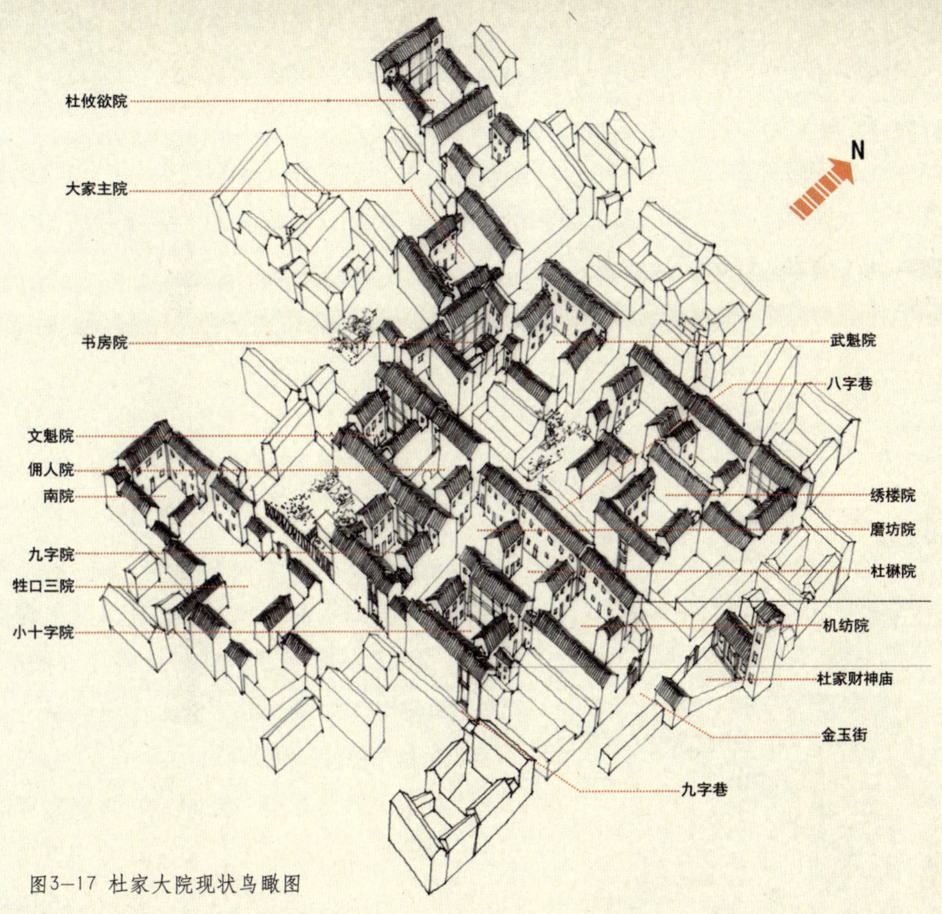

图3—17 杜家大院现状鸟瞰图

义和巷三条胡同中，其中八字巷、九字巷中存留院落最多。杜家大院建筑群中，保存较完整、整体风貌较好的院落包括：位于义和巷的义和堂；位于八字巷（图3—15）的文魁院、武魁院、书房院、大家主院、杜梯院、杜攸欲院、绣楼院、机纺院、佣人院等；位于九字巷（图3—16）的小十字院、九字院、南院、磨坊院、马房院等院落，还包括位于金玉街核心位置、八字巷东口的杜家财神庙，占地共9000多平方米（图3—17）。

杜家大院院落数量众多，建设之初虽未经整体规划，却依然布局得当、主次有序。其院落建筑群主要有以下特点：

（1）主要院落多为坐北朝南四合院，附属院落则据地形布置；

（2）不同功能的院落相互穿插，如主人院落与仆人宅院交替排列，待客院落与居住院落隔而不阻；

(3) 在不同的院落间相互连通，整个建筑群形成交通网络；

(4) 院落入口位置依道路走向而定。

尽管这些宅院经历了两百余年的风霜战乱，有些已破损，有些已倒塌，但我们仍能从那严谨端庄的院落、气势不凡的门楼、砌筑挺拔的高墙、构筑得当的梁架和巧饰雕琢的装饰中看到杜氏当年的辉煌。

2.杜生周宅——九字院与文魁院

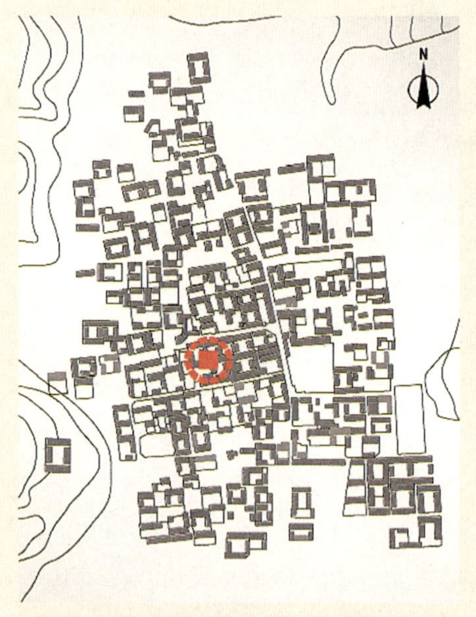

图3-18 九字院与文魁院区位示意图

杜生周宅位于杜家大院群的中心部位（图3-18），北临八字巷，与武魁院隔巷相望，南至九字巷，东接小十字院（图3-19），西连马房院，共有九字院、文魁院和佣人院三座院落。宅院北侧出入口位于八字巷月亮门（图3-20）边，南侧出入口位于九字巷上，是一组连通了村中两条主要巷道的院落群。

陈腊锁老人介绍，九字院与文魁院原宅主为杜家第六代传人杜生周。相传杜生周为清光绪年间举人，因此其宅院中挂有“文魁”之匾额，文魁院也因此得名。但村中现存碑文并无相关内容记载，而文魁院正房脊檩下却有“告大清乾隆二年四月十九日合春……黄道……宅主成登昌……合家人口兴旺”字样（图3-21）。虽然花梁上记载的宅主为成姓人士，但是根据前文杜家历史不难看出，随着成、赵等家族的没落及杜家的崛起，宅院建成后由成家卖给杜家也不是没有可能的。而九字院和文魁院到底目睹了多少家族兴衰，又隐藏了多少家族传说则很难知晓其确切内容了。

(1) 整体布局

由九字院正房下西耳房中延伸出的一条甬道，连接起了九字院、文魁院和其附属的佣人院，使得这三座院落成为一个群组（图3-22）。

图3-19 杜家小十字院

九字院与文魁院均由正房、东西两厢和倒座四幢房屋围合而成。正房坐北朝南，中心院落呈长方形，四周房屋面阔都在7～8米，进深为3～5米，而且正房、厢房与倒座均带左右耳房，这样的组合是山西地区很流行的一种四合院住宅形式，俗称“四大八小”。而附属的佣人院也由正房、偏房和院墙形成合院形状，但格局更为灵活。

图3-20 八字巷月亮门

各院落形制大体相同，装修构造

图3-21 文魁院花梁上题字

等则根据院落地位不同有着明显的差别，从这一组三院便能窥视出中国古代封建社会等级严明的思想。

(2) 空间分析

① 九字院

九字院东西宽18米，南北长25米，占地面积约450平方米，中心院落呈矩形（图3-23）。九字院原为杜家大院院落群的主要出入口，院落格局和建筑形制都体现了它以待人接客为主的功能。

九字院门楼隔巷所对的照壁，为村中最高等级。照壁后退于九字巷约4米，与其东西两侧围墙形成一个约20平方米左右的U字形围场。照壁整体朴素庄重，壁心及檐下做仿木构砖雕。村中老人回忆照壁两侧原有旗杆一对，高20余米。惟旗杆毁于1958年，甚是可惜。

九字院门楼（图3-24）建于三级基石上，较村中其他通天大门楼更为高大。门楼左右两侧有一对上马石。门楼整体气势宏大，但甚少装饰，仅在二层檐下骑门梁处添加少许卷草纹木雕。二层木栏杆和木格窗增加了门楼的高度感。

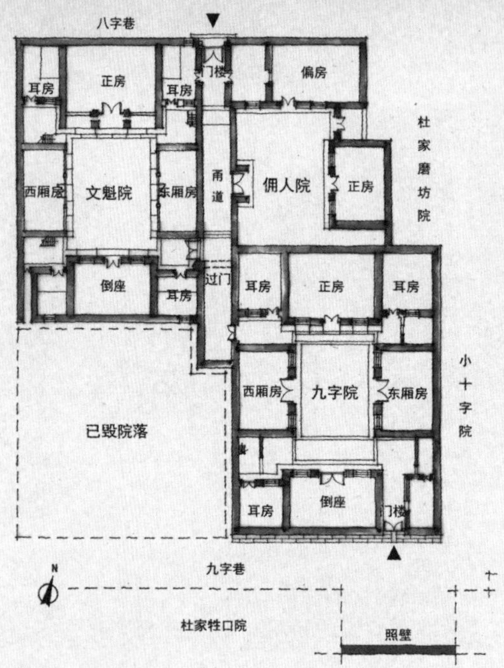

图3-22 杜生周宅三院平面示意图

图3-23 杜家九字院

九字院四周房屋均为两层，抬梁式木构架，面阔三间，砖墙围合，条状长石做房基。硬山式屋顶，屋面平坦檐口硬直，屋脊上饰有雕花砖瓦，在脊端安设吻兽，倒座房山墙装饰了砖制搏风板和悬鱼惹草雕刻（图3-25）。院落建筑风格简洁，仅在檐下墀头做麒麟或宝相花砖雕加以点缀。正房与两厢不管从形制还是装饰上都没有差别，房屋向内院开门窗，均为普通木板门加木格窗的形式。

图3-24 杜家九字院二层通天大门楼

图3-25 九字院倒座搏风悬鱼惹草装饰

其倒座特别用了四扇槅扇门（图3-26），面阔较其他三幢建筑更宽，体现了它待人接客的功能。厨房设在耳房内，厕所则设在西南角，旱厕坑口在院外，体现了“污不入院，秽不入宅”的思想。二层各房间皆有门，通过角楼或耳房的二层可以来往互通。按照当地的习俗，房屋二层不宜作为主要卧室，而是储粮、贮物、祭祖等的空间。通过土改的房屋再分配，现在九字院四幢房屋为不同的主人所有，于是二楼的交通联系作用也废弃了。

② 文魁院

文魁院是杜生周宅第二进院，相较九字院可谓装饰典雅、精雕细琢。虽然同为“四大八小”四合院，九字院朴素、庄重、围合性较强，看上去有些严肃和刻板；而文魁院则恰恰相反，正房、两厢、倒座形式都各不相同，装饰淡雅明快。

文魁院东西宽16米，南北长24米，占地面积约384平方米，中心院落成长方形。所有房屋均为两层，抬梁式木结构，砖墙围合。硬山式屋顶，坡度平缓，屋脊有菊花雕刻砖瓦装饰，左右鸱吻微微翘起。从房屋装饰程度不同可以

图3-26 杜家九字院倒座

图3-27 杜家文魁院正房

看出它们之间的重要性依次是：正房（图3–27）最高，西厢（图3–28）次之，东厢（图3–29）再次，而后是倒座，耳房则最次。

正房有檐廊，装饰集中在外檐部分，斗栱、雀替、栏杆、柱础、槅扇门窗满布大量规律变化的集合纹样，卷草纹、如意纹、方胜纹、回纹、卐字纹等交替使用，使外檐显得雅致生动、落落大方（图3–30、图3–31）。西厢房采用了整体的槅扇门窗立面。东厢房二

图3–28 杜家文魁院西厢房

图3–29 杜家文魁院东厢房

图3–30 杜家文魁院正房雀替

图3–31 杜家文魁院正房柱础石

图3–32 杜家佣人院正房

层采用了与西厢相同的槅扇窗，一层则使用了和倒座相同的木板门和木格窗，这样的立面处理方式在村中较为少见。倒座房立面与九字院建筑相同，石过梁下开门窗洞，门为双扇板门，窗上装饰简单几何木格纹。槅扇门窗、木板门、木格窗在院落建筑中交替使用，使得院落建筑等级落差有了明显而流畅的过渡，也加强了院落的整体性。

③ 佣人院

佣人院坐东朝西，面向甬道开月亮门，院落平面整体呈狭长形，由一幢正房（图3–32）、一幢偏房及其附属的耳房构成。佣人院原与其东侧的磨坊院相通，形成坐西朝东两进院形式，但磨坊院西厢房已完全毁坏，两院已无法连通。佣人院建筑简单，院墙低矮且开了很多漏窗，私密性较差。

④ 甬道与门楼

图3–33 连通九字院与八字巷的甬道

甬道（图3–33）连通了九字院和文魁院，也是佣人院为九字院和文魁院提供服务的必经之路。文魁院院门开在甬道的西南角，而佣人院月亮门则在甬道东侧正中，这样的设置不仅增加了文魁院作为主要生活场所的私密性，也提高了附属院落的工作效用。甬道南头加带瓦覆顶过门，作为文魁院和九字院的分隔，而甬道尽头连接了八字巷，以一座两层通天大门楼收尾。行走在甬道中，大门楼、院墙、山墙、过门轮流出现，形成了流动变幻的空间和起落浮动的天际线。

甬道尽头的通天大门楼是八字巷上最为华美的门楼（图3–34）。门楼面宽两米有余，高度近十米，如此大的体量在斗栱、骑门梁、雀替、栏杆、柱础、木格窗、木板门的点缀下显得古朴大气，在蓝天、砖墙、石道

图3–34 文魁院大门楼景观

图3-35 文魁院门楼上的斗栱和骑门梁装饰

的映衬下古韵悠悠，甚至带出了些许苍茫之感。尤为有趣的是，门楼的斗栱作了变异处理，下面的大斗做成了荷叶墩状，横栱长出了带花翅膀，耍头成了草龙头，方斗上还加了雕花木板，古老的斗栱少了官式繁冗的规矩，却依然是那檐下承托着挑出屋檐的斗栱，只是染上了浓浓的乡土气息（图3-35）。

3.杜绍预宅——书房院与武魁院

武魁院与书房院位于杜家大院核心地带（图3-36），北至成春令宅，南至八字巷，与文魁院隔八字巷相望，东邻杜家小姐院，西接大家主院。武魁院与书房院间虽隔有小巷，但不管在空间格局上还是在村民讲述的历史故事中，它们都有着紧密的联系（图3-37）。

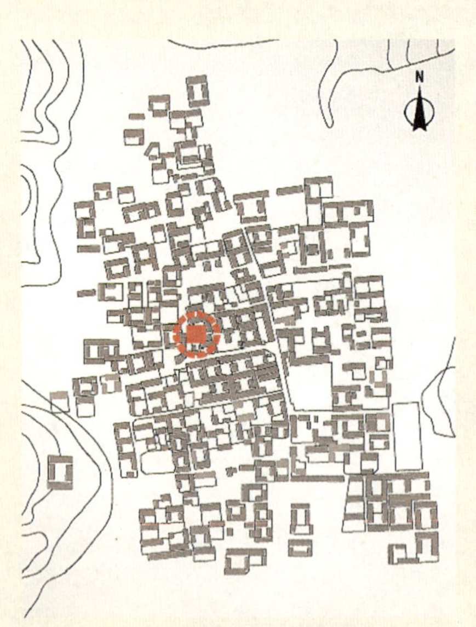

图3-36 武魁院与书房院区位示意图

武魁院正房脊檩下有题字：“告大清乾隆四年岁次……丙子月丙辰日……正合天开黄道……宅主杜睿子□存……自修后合宅平安永远为记尔。”（图3-38）在调研中我们发现，它是杜家自己出资、建造时间（1739年）最早的宅院。书房院正房脊檩下题有“乾隆三十二年岁次……自修之后……大吉”字样（图3-39），据村中老人介绍，武魁院与书房院曾经的宅主均为杜绍预。

杜绍预在杜家家史中是位颇为神秘的人物，村中老人称其为杜家发家人，但在村中已知的功德碑、墓志铭或是花梁题字中都没有与之相关的记载。而在文魁院厢房杂物堆中，我们发现了半块石匾（图3-40），杜绍预的大名赫然其上。石匾一面刻着“杜绍预”三个大字，另一面有正楷“公”字一枚，其右侧有阴刻小楷“巡抚山西兼管提督盐政印务节制太原城守尉兵部侍郎兼都察院右副都御使勒保为”字样，可知这块石匾是在乾隆五十一年（1787年）至五十二年（1788年）间时任山西巡抚和盐政提督的勒保所题。陈腊锁老人介绍这块石匾原位于八字巷东头杜家牌坊（图3-41）上，1958年牌坊被毁，原

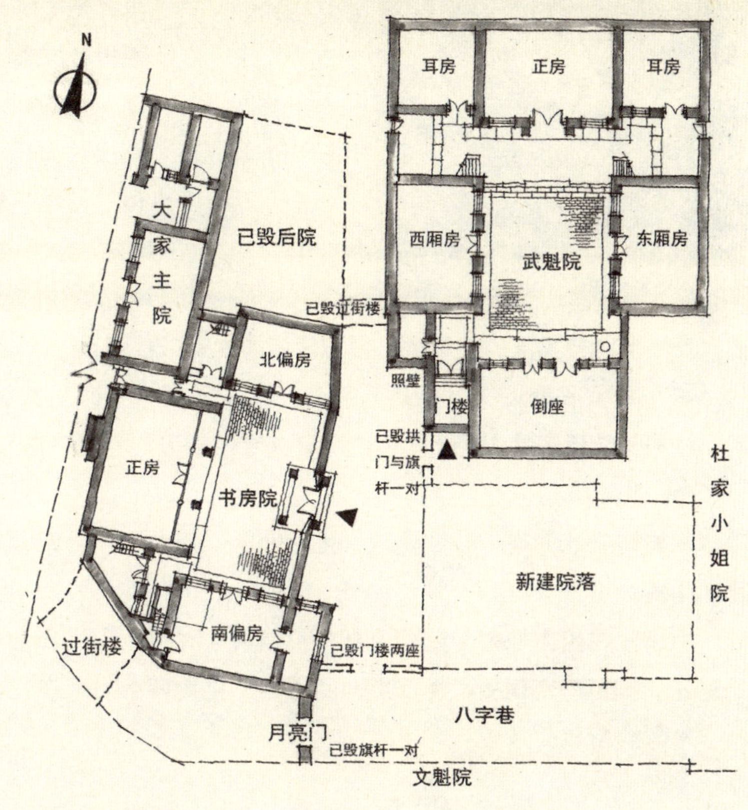

图3-37 武魁院与书房院平面示意图

图3-38 武魁院花梁题字

图3-39 书房院花梁题字

图3—40 杜绍预石匾

本高悬于牌坊的石匾也只剩下了半块。根据杜家靠盐务生意致富、且杜霞瀛与勒保关系颇深的传闻，现又有石匾说明勒保曾为杜绍预题匾，我们推测村中相传“杜绍预是杜家第二代传人，乾隆初年武举人，被村民称为武魁，是杜家著名人物杜霞瀛的父亲”的说法是可信的，而书房院花梁上的“杜睿”很可能指的就是“杜绍预”。

相传杜家长期以来子嗣并不兴旺，为了光耀宗祖兴盛家族，对后代的教育便十分重视，杜绍预特地于其宅院西南侧建了一座专司学习的宅院并精心装饰，便是书房院。

（1）整体布局

武魁院坐北朝南，一进院落，是标准的“四大八小”四合院。入院通天大门楼位于院子西南角。

书房院在整个杜家大院建筑群中可谓特立独行。一进三合院坐西北朝东南，面宽远大于进深。其正房南侧的耳房二层向西南角出挑约两米，架在另一边的山墙上，形成了八字

图3—41 八字巷口杜绍预牌坊复原图

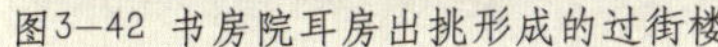
图3-42 书房院耳房出挑形成的过街楼

图3-43 文魁院院门（左）与武魁院门楼（右）

巷上的过街楼（图3-42）。过街楼在我国传统村落街巷中较为常见，对分隔与营造空间起到了重要作用。过街楼作为一种有高度和厚度的空间结构，由于上部建筑内空间被人使用，在分隔街巷空间时连通、渗透的感觉要远远小于分隔。当穿过过街楼时必然会经历三重空间层次，于是人们的视野便经历了开－合－开与明－暗－明的过程，使得人们在穿行过程中便可留下极其深刻的印象。

武魁院西厢房和书房院北偏房原也有过街楼相连，随着书房院北侧后院的损毁，过街楼也只剩下了一片墙，但两院落间的联系绝不仅只是过街楼那么简单。

书房院坐西面东，是谓兑宅[1]，且处于八字巷反弓位置，又在斜坡下侧，并不属于风水良好的宅院。因此武魁院西南侧外墙砌筑了一片4米高1.5米长的墙，门楼位于墙体之后藏而不绝，减少了与书房院的对视和对冲。为了加强两座宅院的联系，据说武魁院门楼墙头南侧原有拱门一座、旗杆一对与书房院相呼应，且两院间甬道呈内收喇叭状（图3-43），起了收束空间的作用。所以这两座院落在空间格局、历史传统和风水意义上是相互关联的。

（2）空间分析

① 武魁院

武魁院院落东西宽19米，南北长24米，占地460平方米，中心院落呈长方形。正房与两厢均为两层，抬梁式结构，檐下施柱头科斗栱。院落方正完整，也许是建造时间较早的缘故，武魁院的房屋明显高于其他院落。房屋内部几乎没有装饰，即使正房也是如此

1 兑宅，为风水学中西四宅之西官，坐西向东，五行属金。

图3–44 武魁院正房一层室内布置

（图3–44），三开间通长无隔断，一层以草席为吊顶，遮蔽了楼板木梁，水泥抹灰墙面，瓷砖铺地面。武魁院的正耳房要高于正房，被村中人称为“有官帽造型的官院”（图3–45）。

② 书房院

书房院（图3–46）南北长22米，东西宽13米，占地约290平方米，院落呈狭长矩形。房屋均为两层建筑（图3–47），抬梁式木结构，砖墙围合，硬山屋顶，屋脊做牡丹雕刻，左右两端有鸱吻。书房院的正房

图3–46 书房院

图3–45 武魁院正房

图3–47 书房院北偏房

图3-48 书房院正房

是杜家大院建筑群中最为华美的建筑，外檐装饰极为精致华丽且保存完整（图3–48）。正房抬梁式抬二举，椽无举架，脊檩下有斗栱和叉手，耳房二层与正房二层有高差形成阁楼。正房一层（图3–49）平面呈方形，室内尚存部分老家具。二层通透明亮，外檐栏杆、雀替、槅扇门窗木雕美轮美奂，但因院落狭窄，视线不够开阔。院落东西厢房与其他院落大体相同，唯二层均为不规则几何形且有转角。院落正门为屏门形式且精心装饰，斗栱装饰并无太大变形和破坏（图3–50）。

图3–49 书房院正房一层房间布置

图3–50 书房院门楼

4.大家主院与杜攸欲院

大家主院与杜攸欲院位于八字巷西头（图3-51），东接书房院，西望成发昌宅，北靠成楚司宅，是杜家大院建筑群西北部收尾的一组院落。

大家主院原为三进院（图3-52），相传是杜家大家主的居所，为杜家大院中等级最高的院落。现最为重要的第三进院已塌，花梁上的题字更是无处可觅，大家主院房屋建造的确切年代和建造人物已无法知晓，推测大致为嘉庆年间所建。

杜攸欲院第二进院正房脊檩下题有："告大清道光十一年岁次辛卯重修楼房两院二十六间四月十九日开黄道卯时上梁宅主杜攸欲自修之后合宅平安是为志耳"（图3-53）。道光十一年为1831年，若以20年为一代推测，宅主杜攸欲可能为西黄石村杜家第六代传人。

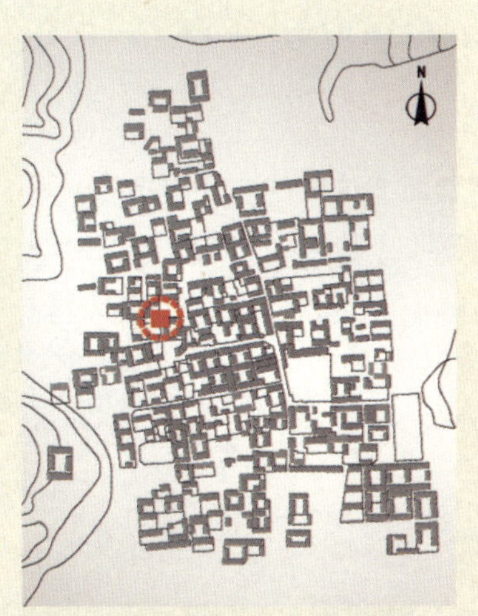

图3-51 大家主院与杜攸欲院区位示意图

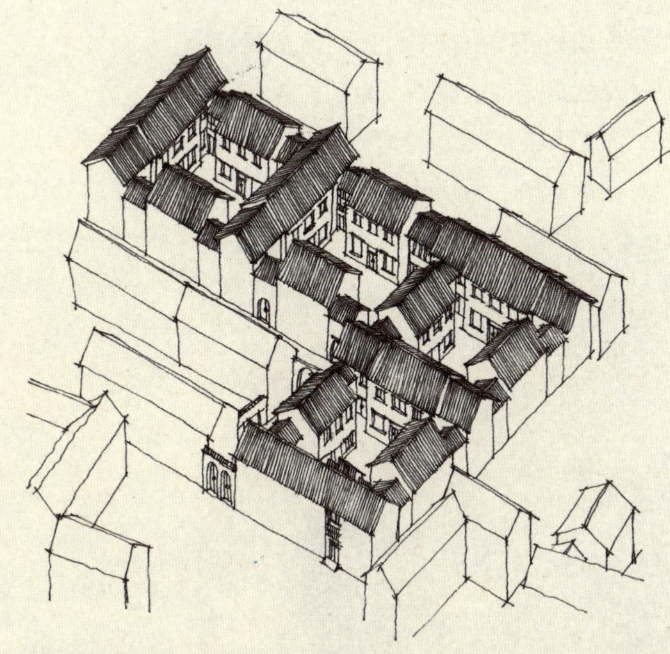
图3-52 大家主院与杜攸欲院复原透视图

图3-53 杜攸欲院花梁题字

(1) 整体布局

大家主院坐北朝南，现存前两进院落，原第三进主院已经完全损毁。

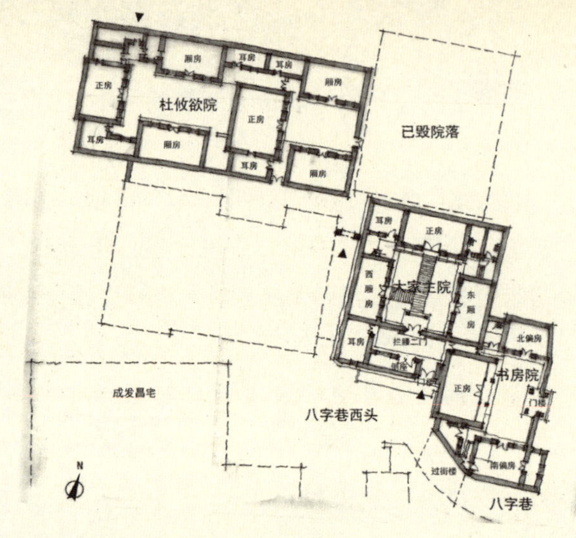

图3-54 大家主院与杜攸欲院平面示意图

杜攸欲院坐西朝东，两进院落，东院与原大家主院第三进院相连通，推测该院原为大家主院的偏院，清道光年间宅主杜攸欲重修了东西二院，使其相互连通，在西院建墙阻隔了与大家主院的连通，并在西南角和东北角另辟院门（图3-54）。因宅院几乎完全被其他院落包围，遂在大家主院东山墙处开辟一条南北走向且宽度约一米的甬道抵达院门。为了标识入口，又在甬道两头立大小两座拱门加以强调（图3-55）。

一般来说，两院既然作为杜家大院的收尾，又处于八字巷西头这样的空间转折处，通

图3-55 杜攸欲院宅门与拱门

常会有纪念性或标志性构筑物出现，可是现在八字巷西头仅有一片空地。我们在大家主院的墙根下发现了一对5米长、半米宽、近1米高的石碑，上面横向阴刻“西来爽气，东迎晨辉”八个大字（图3–56）。陈腊锁老人回忆说，原本大家主院南侧这块空地上有两座高大的砖拱门，而这对石碑便是拱门上的匾额，1958年拱门被拆毁但石匾过于沉重无法搬走。现在这对石碑被村中老人们当作吃饭、聊天、纳凉时的座椅，留在了大家主院的墙根下（图3–57）。

图3–56 “东迎晨辉”石碑

图3–57 老人们在“西来爽气，东迎晨辉”石碑上聊天

（2）空间分析

① 大家主院

大家主院入口门楼位于院落东南角，紧贴书

图3–58 大家主院景观

图3-59 大家主院院内屏门南立面

图3-60 大家主院正房

房院正房西墙（图3-58）。门楼右侧开一小拱门，据宅主介绍，此门与书房院耳房相通。宅院现存的两进院落之间由院内屏门和插屏式照壁分隔（图3-59）。

第一进院东西面宽18米，南北进深6.5米，院落呈狭长矩形。倒座两层，用四扇槅扇门，是待人接客的场所。

第二进院形制规矩，南北宽16米，东西长18米，占地约270平方米。正房与两厢均为两层，抬梁式木结构，硬山屋顶。房屋立面简洁，嵌入普通板门和带几何花纹的木格窗。正房房门为四扇槅扇门，推测该建筑原为三进院落中间的过厅或堂屋，檐下饰柱头科斗栱（图3-60）。

图3-61 大家主院门楼

大家主院的亮点在于入口门楼（图3-61）和院内屏门（图3-62），二者均从整体着眼加以精雕细琢，看上去大气典雅又不失细节点缀。

② 杜攸欲院

杜攸欲两院面宽17米，第一进院进深17米，第二进院进深20米（图3-63）。院落较为局促且房屋建造简单（图3-64），显然其建造仅考虑了最基本的实际效用，而完全舍弃了装饰与观赏，推测是到了杜攸欲这代，杜家已不复祖父辈时的光辉繁华，逐渐落没了下去。

图3-62 大家主院院内屏门北立面

图3-63 杜攸欲院第二进院

图3-64 杜攸欲院第二进院北厢房

5.杜和隆宅——义和堂

义和堂位于村中心偏东北（图3–65），北接西黄石幼儿园，东望普觉寺，西侧临金玉街，其所在胡同也因此院落而得名义和巷。

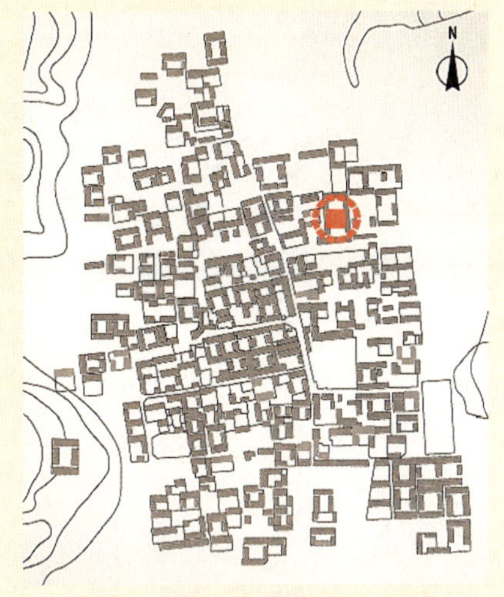

图3–65 义和堂区位示意图

据杜家后人即现宅主杜建文医生介绍，义和堂原为赵家宅院，杜家兴盛时买下赵家宅基地，并于“清道光六年岁次丙戌七月十七破土，修葺、改造堂楼九间、风口两个、大门一间并修建东楼五间、西楼五间、南楼九间、院中庭房三间”[1]。根据正房梁上题字（图3–66）当年主持修建工作的为杜和隆。相传义和堂当年与其东侧的杜家祠堂、普觉寺和西侧的佣人院、牲口院等，屋宇连廊、院落阡陌、院院相连、门门相通，可惜随着时光流逝和人为破坏，当年的盛况已不得而知。

（1）整体布局

义和堂位于义和巷正中，坐北朝南，三进院落呈纵向串联布局（图3–67），院门位于东南角，为通天石柱大门楼。一二进院由过门（已毁，只剩门框）和福字影壁相分隔，二三进院由三开间过厅及其东西两侧过门分隔。院落整体由两厢、正房、倒座与角楼环抱，外墙厚实且极少开门窗洞，形似堡垒。院落内宽敞开阔，建筑布局合理、层次分明，楼房高大，以青石垫基，以水磨青砖砌墙，并在房屋外檐部饰以精美装饰，做工细腻。

义和堂西侧另有四院十六间房，共用一个对外出入口。这一入口和义和堂西侧的出入口相通。表明此四院曾为义和堂的附属院落，是提供下人居住和停放车马、饲养牲畜的场所。

（2）空间分析

义和堂为三进院落，南北总长50米，东西最宽处31米，总占地面积约1200平方米。房

1 自义和堂正房花梁上题字。

图3-66 义和堂花梁上题字

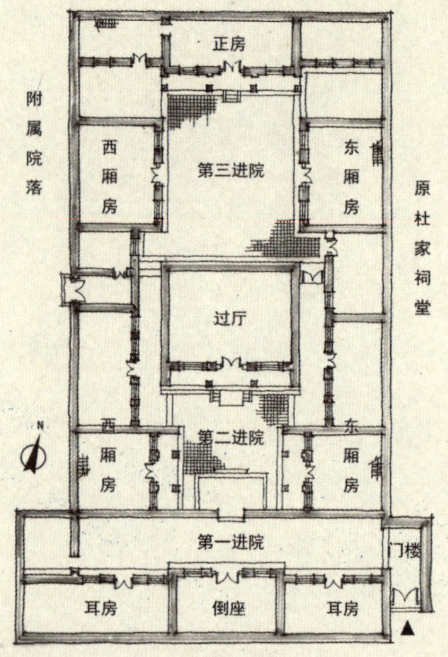

图3-67 义和堂平面示意图

图3-68 义和堂入口景观

屋多为两层，抬梁式木构架，砖墙围合，硬山屋顶。

入口处高大的通天石柱门楼威严耸立（图3-68），配以门口一尺高的上马石一座及倒座山墙下带有精美浅刻“泰山石敢当”（图3-69），不由让人感悟院落的悠悠古韵和宅主曾有过的地位与辉煌。门楼上方有眺阁，下为宽的通道。据介绍，此门楼曾为进出义和堂及杜家祠堂的共同出入口，原门楼后有条形长通道进入义和堂第三进院与杜家主祠，在20世纪90年代末通道与杜家祠堂一并被毁，只留下门楼立面标识入口。

第一进院南北进深10米，东西面宽31米，院落呈狭长矩形（图3-70）。院落南侧为两层三开间四扇对开槅扇门倒座，两侧配以两层二开间东西耳房，很容易便看出这曾是待人接物的场所。相传义和堂曾为村中数一数二的“大型商贸中心”，而普觉寺功德碑记载，义和堂以整体的形式出现而非以其杜姓家主出现，推测其是由好几个杜姓分支组成的商队，而此宅的主要用途是进行义和堂的经济贸易活动。因此其面向义和巷的倒座房就成了义和堂的重要门户。由其南立面被封堵上的六个门窗洞可以看出，这里曾经是义和堂的主要出入口和交易中心。

一、二进院以过门分隔，如今过门只剩下青砖砌筑的门框和左右砖砌的镂空花窗（图3-71），依稀可见其当年繁华的影子。门洞正对着大红福字影壁，用于遮挡二进院厅房。

第二进院南北进深15米，东西面宽24米。正房为一层三开间檐廊式建筑（图3-72）

原为二、三进院过厅，是主人待客起居之所，现已将过堂北墙堵上无法再通行。相传过堂北墙北侧原有木制垂花半门，门上装饰精美祥瑞图案，表达屋主人希望出入沐浴福泽。檐下饰以斗栱，祥云雕刻。檐下额枋依稀可见木

图3-69 义和堂入口处泰山石敢当

图3-70 义和堂第一进院落

图3-71 义和堂一、二进院过门

图3-72 义和堂第二进院落正房北立面

图3-73 义和堂第二进院落西厢房

图3-74 义和堂第二进院落东厢房

刻浅雕并饰以回纹彩画，与枋下回纹雀替相得益彰，尽显古朴大义之气。通长石柱上下等断面，正方形抹圆角，除去柱头处有少许彩画外，整体表现粗放的材料特性。柱础四角为俯视雄狮，尽显霸气，四面配以形态各异的麒麟高浮雕，或坐或卧或玩耍或沉思，刀法娴熟，匠心独运，工艺非凡。过厅原为木制门窗，现已被房主改为红砖墙铝合金窗。

二进院东西厢房均为两层三开间檐廊式建筑（图3—73、图3—74），硬山屋顶，檐下有七铺作斗栱，柱头科为祥云翼状斗栱，而平身科皆为八卦形斗栱。通长石柱身不施以任何装饰，在二层梁头处挂以梁头板装饰，柱础与过厅相同，四角以俯视雄狮头胸部，四面为十二生肖图案高浮雕，雕刻刀法娴熟，惟妙惟肖。厢房槅扇门窗均为栅格形状，秩序严谨，尽显端庄之气。

二进院东北和西北角楼采用与两房同高的两层楼房一直贯通至三进院楼的东西厢房，只向院内开门窗洞而很少在外墙开洞。从院外看其形如堡垒围墙，严整封闭，而向院内开敞形成偏楼，这样设计的原因大概是由于义和堂原为经商重地，院内贮存大量货品、现钱、银票之类，防盗便成了院落建设的重点之一。

二、三进院的交通连接除了主人和贵客能经过的过厅外，还有门厅山墙与左右偏房形成的狭长甬道（图3—75），甬道内设置过门。过门和甬道主要给身份并不尊贵的客人、仆人使用，有时也作为搬运货物入第三进院时的通道。甬道比二进院落稍微高5厘米，与院落平整宽大的板岩砖铺地不同，甬道以长条形青石板铺砌，年代久远已长满绿色青苔。过门分屋顶、檐下、门扇踢板三段。上段为悬山式覆瓦屋顶；中段的挑檐屋顶下内嵌木制匾额，上书“安且吉”等字样，简单又直接地表达了主人希望出入平安、寻求吉祥平安的美好心愿。下段装有门扇和门框，均为木制，对开门扇上安置铺首、门环、门铁等。

图3—75 义和堂二、三进院落间过门与甬道

第三进院落尺寸较前两进要宽大许多，南北进深23米，东西面宽24米，中心院落呈四方形，形制规矩严谨。正房（图3—76）与两厢

图3-76 义和堂第三进院落

等高，均为抬梁式木构架，砖墙围合，贴近地面处以一层素面石料做墙基散水。三幢建筑体量大致相同，加强了院落围合感和向心性。两厢墙面装修简单，仅在面向院落的墙面上用石制平梁开门窗洞，镶嵌普通木板门和木格窗（图3-77），以此反衬了正房外檐部的华美，突出正房的重要地位。正房檐廊式建筑，面宽三开间，外檐下设四铺作斗栱（图3-78），装饰木雕阴刻祥云纹样，并施以颜色鲜艳的油彩，在村中居住建筑中较为少见，而额枋部凤戏牡丹木雕（图3-79）更是染以浓重朱丹，更加突出了义和堂的重要地位。

图3-77 义和堂第三进院落西厢房

图3-78 义和堂第三进院落正房外檐部装饰

图3-79 义和堂第三进院落正房外檐部木雕

三、成家大院建筑群

1.成家大院建筑群概述

成氏家族是西黄石古村最早居住者，拥有村中数量最多的居住建筑。与杜家大院群相对集中的分布不同，成家宅院分布较为分散。成家大院现存三大片区，散布在古村的三个社区之中。“北社”的宅院主要集中在西侧和中部，村民称之“阳城后”，典型院落有成满昌、成雍富院；“中社”的宅院主要集中在中部，典型院落有成发昌院、成春令宅院；“南社”的宅院主要集中在东西两侧，典型院落有成家兄弟大院、成家侍郎院等。成家大院群数量庞大，分布散乱，但却拥有几点共同的特征：院落多坐北朝南为主，个别院落灵活布局、因地制宜；沿主街的成家院一般与金玉街直接关联，而内部宅门大多为自家专设；不同宅主的院落间并不连通，各自为政；院落之间等级关系明确。

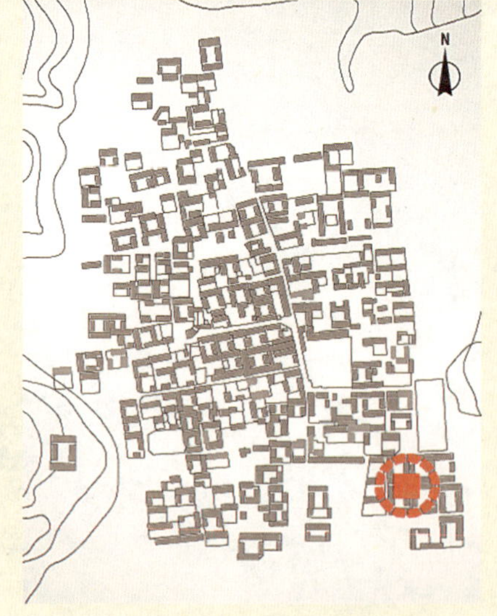

图3-80 成家兄弟大院宅院区位示意图

图3-81 成家兄弟大院外观

2.成家兄弟大院

成家大院位于西黄石古村“南社”一隅（图3-80），是成发茂、成发荣兄弟二人宅院，共有八座院落，现存五座院落，分别是成发茂、成发荣兄弟主宅院、伙房院、马房院、书房院，占地约4000平方米。其中兄弟二人主宅院院墙高近9米，与周围低矮的住宅形成明显对比（图3-81、图3-82）。

模糊不清的花梁，已经无法辨认房屋的建造年代（图3-83），我们只能通过村中老人的描述来捕捉宅主与房屋的往事。据成发茂第八代后人成顺才老人陈述，成家兄弟大院约建于乾隆四十年（1775年）。哥哥成发茂常年在外经商，弟弟成发荣则在村子周边经营生意。哥哥在外赚到钱后，便会存于家中，数年之后家产颇丰。于是兄弟的家长便建议用这

图3-82 成家兄弟大院外观

图3—83 成发茂院模糊不清的脊檩题字

些钱来修盖房屋，并将此任务交给了常年在家的弟弟来负责。按祖上规矩，兄分东房，弟分西房。于是成发荣极尽全力将西院修建得精美无比，而东院则草草应付。分家后，弟弟获得了漂亮的西房，而哥哥只能居于稍显朴素的东房。这段当地村民津津乐道的一段趣闻，究竟隐含了多少不为人知的秘密，或许只有无言的建筑才能诉说清楚吧。

成家大院群整体形态呈方形，坐北朝南，兄弟二人主宅院居于院落群中心，东西两侧为各自附属院落（图3-84）。

相传西黄石古村曾有大小拱门十余座，拱拱相连，圈圈相生。但现存完整的却仅剩成家兄弟大院东侧、连接成发茂宅与成家马房院过道的一座（图3-85）。这座拱门以砖石砌筑，通体黄褐色，庄重严谨，门洞宽大通敞。拱底为青石柱础，拱柱15皮砖高，

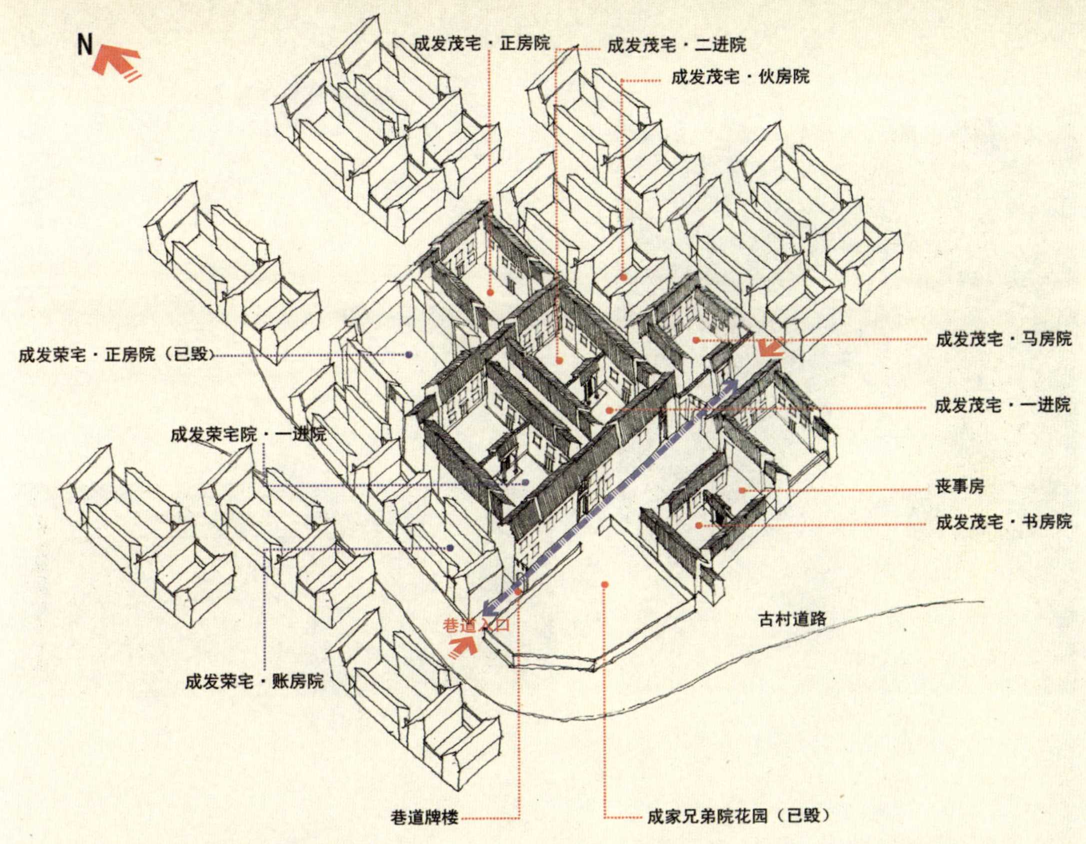

图3-84 成家兄弟大院空间复原示意图

拱券由16块方砖砌成，跨度约2米，能供一辆马车通过（图3-86）。拱顶上部正中有砖雕匾额，书以行楷："视履考祥"（图3-87），语出《易经・履卦・上九》："视履考祥，其旋元吉。""履"为鞋子，引申为走过的路，亦指人生之路；"祥"为外界环境所呈现出的吉凶之兆，引申为即将应对的前程，表现宅主期望成家子孙能够形成秉持反思并依托进取的为人处世之道，此处"祥"也隐含着宅主希望出入平安吉祥的美好心愿。匾额字体雄浑端庄，字字厚实，镶嵌于拱门之上，如教诲高悬，意在时时提醒人们的注意。拱门顶端砌为城垛式样，以彰显拱门的卫护作用。

(1) 成发荣宅院

① 整体格局

成发荣宅面对成家私家花园，西临马房院，东接成发茂宅，呈狭长矩形（图3-88）。

图3-85 成家大院东侧砖制拱门

图3-86 成家大院拱门速写

图3-87 成家大院西侧拱门上的砖雕匾额

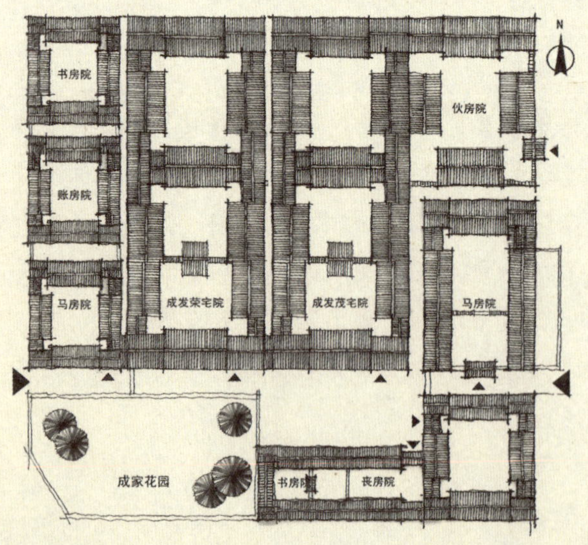

图3-88 成家兄弟宅院复原图

遗憾的是，第三进院于建国后因道路的改建而被拆除，现仅留有一、二进院，占地约700平方米（图3-89）。

② 空间分析

成发荣宅门楼体量高大挺拔、装饰精美。门楼位于院落东南角，一对石柱支承，柱础饰雕刻。门洞上方为精致眺阁，下方是宽敞通道。大门双扇内开，门扇宽达0.9米，净高2.6米（图3-90、图3-91）。

倒座设有檐廊，斗栱、额枋、雀替等处布满大量规律变化的雕刻装

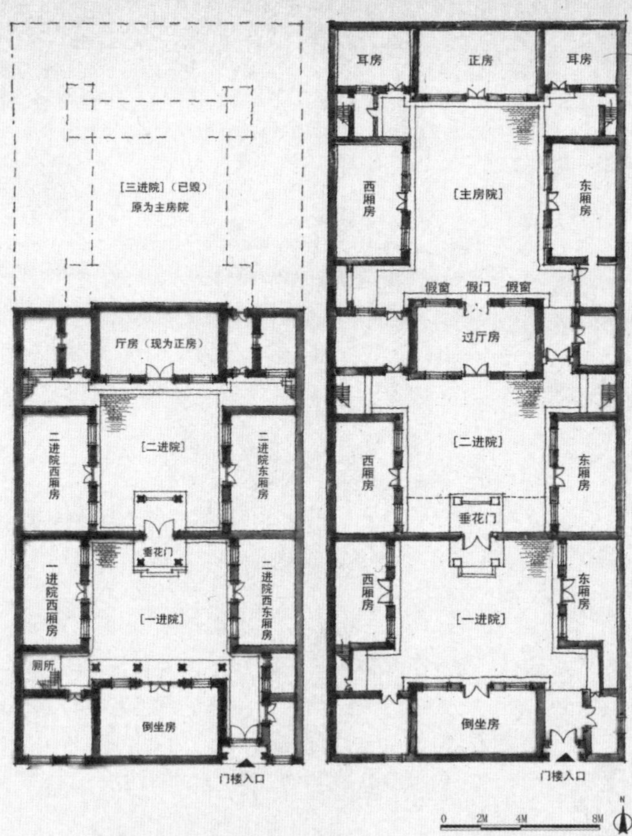

图3—89 成家兄弟大院现状平面图

图3—90 成家兄弟大院专属巷道

饰（图3—92）。二层栏板透雕有卷草纹、卐字纹图案，二者交替使用，并采用左右对称的结构关系，通透空灵。梁头伸至檐廊外侧，出挑约5公分。梁头板浅雕夔龙形象，龙头张口、龙尾卷缩，外形与梁头板的结构线相适合，图案中心突出而没有赘余雕饰，具有古拙的美感。额枋中央由东向西依次刻有三种不同的吉祥图案，“云鹿灵芝”、“三羊开泰”、“鹿衔梅花”，两端以水波纹及仙鹤图案陪衬，刀工纯熟，惟妙惟肖，呼之欲出（图3—93、图3—94、图3—95）。“羊”，音同“阳”，寓意否极泰来、吉祥如意；“鹿”，音同“禄”，寄予弟弟成发荣对财富的渴望，这似乎与兄弟二人那段传说有着某种微妙的关联。雀替浅刻“拐子龙”形象，所有转折处呈圆方角，线条挺拔硬朗，龙头藏于几何中心，整体协调一致，简洁明快。倒座门窗雕有几何化重复图案，并以槅扇门为中心对称装饰，门额、窗额透雕精美花纹，门窗则以简洁方格为主。几何关系清晰明确，雕刻繁简得体，相得益彰。

成发荣倒座在装饰层面上十分讲究空间的进退以及视线的遮蔽。外檐大量的木雕装饰，形成华丽的“幕布”，隐约将檐廊后的外墙掩映，而墙面门窗的几何化

图3-91 成发荣宅院门楼

图3—92 成发荣宅院倒座

图3—93 成发荣宅倒座东侧次间额枋与雀替

图3—94 成发荣宅倒座明间额枋与雀替

图3—95 成发荣宅倒座西侧次间额枋与雀替

图3-96　倒座房二层回望成发荣宅院

气质，质朴而简洁。二者前后进退结合、虚实相生。其稳定的内在力量平衡着整个立面的视觉重心，并在空间上以有序的形式呈现。

分隔一、二进院的垂花门门扇宽达0.85米，雀替饰以精美木雕。二进院院落宽约9米，长约11米。正房三开间，抬梁式，硬山屋顶。相对于其他房屋，正房不仅面宽突出，体量也更为高大，与相对低矮的倒座遥相呼应。屋顶仰、覆瓦相互叠合，勾头和滴水砖雕图案丰富，雕刻精致。一进院与二进院由高大的围墙分隔，外院待客，内院居住，空间属性明确，尺度宜人，互不干扰（图3-96）。

（2）成发茂宅院

①整体格局

成发茂院紧邻成发荣宅院东面，三进宅院完整保存。南北长约60米，东西宽约20米，占地近1200平方米。一、二进院由垂花门分隔，二、三进院由厅房分隔。院落空间先抑后

图3-97 成家兄弟大院外墙立面分析

扬，由一进院到三进院尺度逐渐变大，经历了由局促到舒展的过程。左右严谨对称的厢房，营造出强烈的轴线感和等级感，各房间体量亦逐步增加，第三进院正房规模最大。

②空间分析

成发荣宅倒座对外开窗多达九扇，并且其中六扇开于二层，是古村中对外开窗最多的建筑单体（图3-97）。与之不同的是，哥哥成发茂宅的倒座房对外开窗仅三扇，一层开窗仅一扇。通常北方四合院对外较为封闭，而极少向外开窗甚至不开窗。从还原的院落群体布局可知，成发荣宅倒座房直面自家花园，二层居高临下，可以登高远眺。而哥哥成发荣的倒座对面是丧事房，宜以实墙为主。因此，兄弟两家倒座紧邻，但因周围环境、用途上的不同，而呈现不同的立面形象。

（3）书房院

成发茂宅南侧尚存书房院，由东西串列的二进院组成，入口位于东北，垂花门上书“翰墨林”（图3-98）。书房坐西朝东，立面无过多装饰，纯净朴实。二进院与一进院形成明显反差：一进院呈东西长南北短的矩形，而二进院则为正方形院落。一进院长宽比接近1：3，增强其空间的深邃感和透视效果，进入二进院则视线突然开朗，一座端庄的书房呈现在眼前。院落尺度的变化，一方面凸出了正房方正平稳的体量感，同时也营造了安静祥和的内部环境。

图3-98 书房院中门，上书“翰墨林”

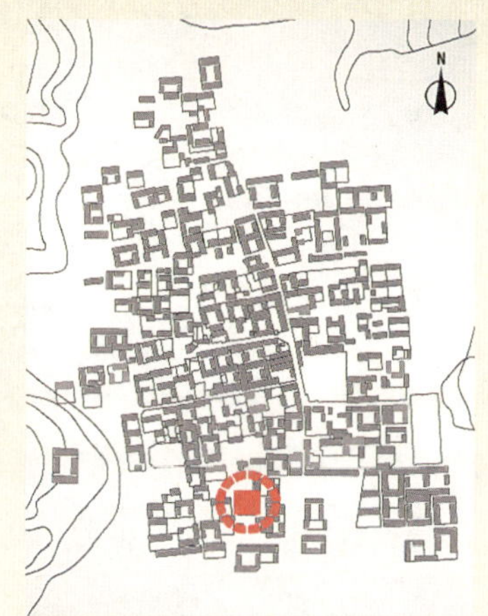

图3-99 成家侍郎院成澄洲宅院区位示意图

3.成家侍郎院

成家侍郎院位于西黄石古村“南社”西南角张家巷内（图3-99）。原仅是一进四合小院，后因宅主成澄洲取得功名而进行重修和扩建。周边大片绿地将宅院房屋包裹其中，形成了极佳的自然环境。

①整体格局

成家侍郎主院位于院群南端，马房与账房二院则位于北侧，临近张家巷，总占地面积近900平方米。附属院落低矮的围墙形成狭长的通道，共同衬托尽端主宅。马房和账房二院

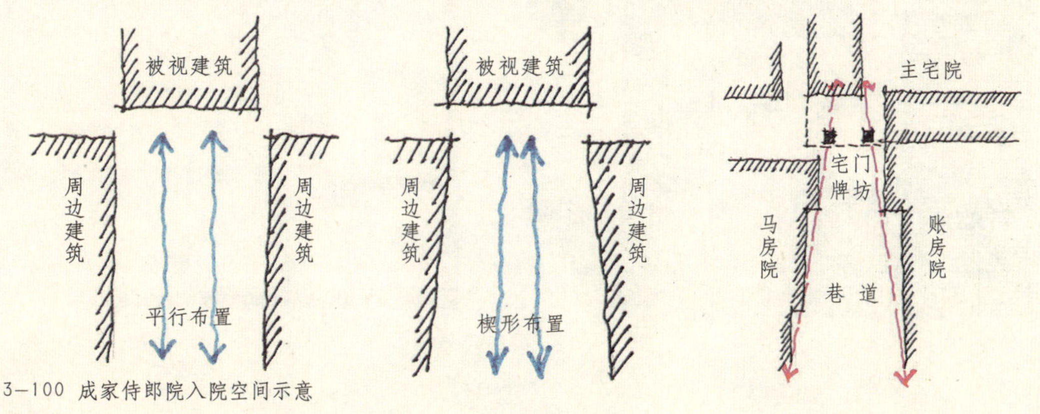

图3-100 成家侍郎院入院空间示意

图3-101 成家侍郎院入院空间速写

仅只剩断壁残垣，但通过散水基石，依稀可见当年房屋的痕迹。账房院与马房院并非平行布置，而是成一定的角度，北宽而南窄形成楔形空间（图3-100）。这样的处理可以在有限的距离范围内加强透视效果，强调尽端建筑的纵深感。对于布局相对零散的院落来讲，若宅主地位平平，那么布局形式则无出大体，但若宅主考取功名，则其主宅院地位立刻成为标榜的对象（图3-101）。

②空间分析

四合院多坐北朝南，宅门位于宅院东南角，但成家侍郎院则不同（图3-102、图3-103）。该院入口设于宅院东北角，正房坐西朝东。造成这一状况的原因是出

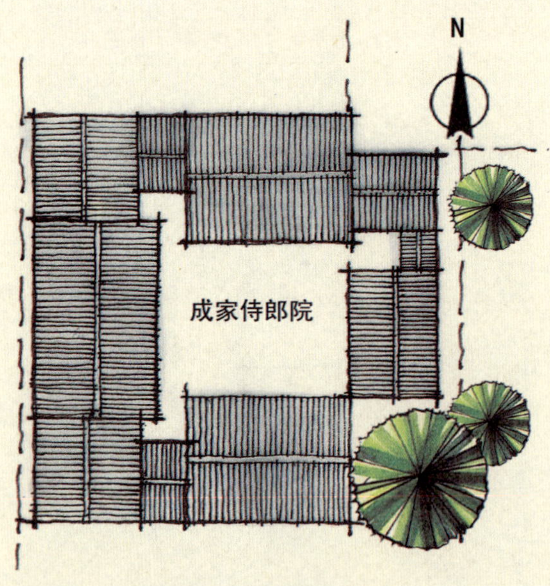

图3-102 成家侍郎院住宅院复原图

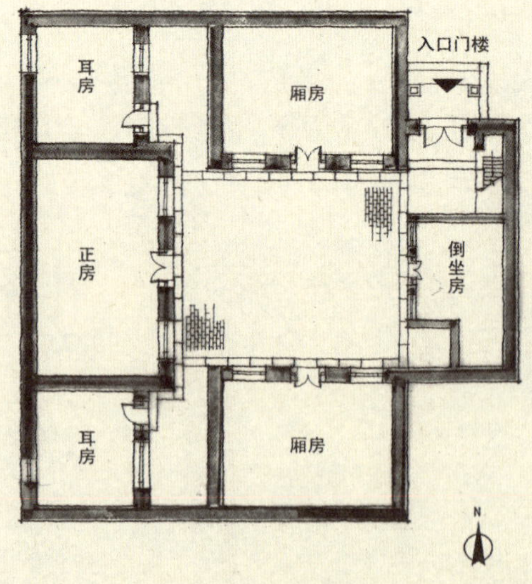

图3-103 成家侍郎院平面现状图

图3—104 成家侍郎院丁孺人节孝坊门楼正面

于防卫的需要，处于村落边缘的宅院不会对外开门，而习惯将宅门开向村落内部一侧，对外则以高大院墙作为分隔和防护。

侍郎院的院门可谓村中现存最为华美的门楼（图3–104）。与村中大多数门楼不同，侍郎院的门楼是将牌坊与门楼组合而建。不管是从正面还是侧面远观，门楼都能给人不同的视觉体验。从正面观，门楼矗立于建筑交角处，沿着入院道路作为收尾；从侧面观，门楼轻巧灵动，斗栱层层叠叠（图3–105）。门楼外廊最下部为圆弧形四方柱础，弧线优美圆润，与石柱浑然一体，似盘石托起通高石柱。一层梁头柱间镶嵌木制匾额一块，上面刻有"皇清敕封登仕郎澄洲成公妻丁孺人节孝坊"字样，字体圆润，笔法浑厚。匾额上方、门楼二层为木制栏杆，栏板以三横四纵七条直木分割为上矮下高、左中右等宽的六个部分，左中右分别镶嵌相同母题的木雕。上面各部分的图案母题为：左右两侧以卷草边缘的板状木块掐边，中心为常见的双菱形一角相叠式样。下面各部分图案母体为：图案以一横一纵两条细直木，均等划分为四个小矩形框，四矩形框的交汇处、即图案的中心部位，以一块横宽纵窄的菱形花心实木块雕刻装饰，在每个小矩形框内各有两个相同的卷草图案以两首相对的方式相切雕刻，卷草弧线顺畅平滑，四个小矩形框内的卷草纹相连，构成曲线。左中右三部分连续排列，远望似有草样波浪在廊间流动穿梭，细瞧却是轻巧的镂空雕栏，动静相宜、虚实相生（图3–106）。柱梁的尽端为三攒斗栱，四面均有假昂，层层出挑

图3–105 成家侍郎院丁孺人节孝坊门楼侧面

图3–106 成家侍郎院丁孺人节孝坊门楼二层木质栏杆

图3–107 成家侍郎院丁孺人节孝坊门楼

图3–108 成家侍郎院丁孺人节孝坊门楼与搏风

图3–109 宅院入口照壁

并向外扩散，出45° 方向斜栱（图3–107）。门楼屋顶独立，屋脊与北偏房等高，高于与其相贴的西楼，使门楼看上去显得更为高大。屋顶垂脊上有一组菊花及卷叶砖雕，姿态由下而上自然伸展。屋檐下方有木制搏风悬鱼惹草，以金属配件相连为整体，其边缘为云纹、水波纹，隐含“福如东海”、“吉祥永远”的美好寓意（图3–108）。

倒座山墙形成宅院入口影壁。壁心饰精美砖雕，上书“萬”字，寓意万事如意（图3–109）。影壁在侍郎院中有重要的意义。此影壁可以给登门造访者一个心理提示，使人产生空间转换的感觉。成家侍郎院主宅院仅有一进，空间缺乏趣味和变化，但因有影壁一挡，则不觉其浅，巧妙地化解了宅院尺度的不足。正房为两层建筑，抬梁式，面阔三间、开窗五扇，立面少有装饰。

成家侍郎院与其他院落相比，无论是宅门，还是院落空间形式，都存在着诸多特别之处。究其根本，在于建造者充分地利用了地势及空间，对院落进行巧妙处理，并力所能及地装点宅院的每一个角落，使院落空间收放变化自如，颇具趣味（图3–110）。

图3-110 正房二层俯瞰院落

4.成发昌宅院

成发昌宅院位于中社西侧，深处杜家大院群中（图3-111）。沿八字巷经杜家过街楼向西楼而上，就是外观庄重、规制严谨的成发昌宅。宅院为完整两进四合院，占地约350平方米。在成发昌宅院中，给人印象最深刻的莫过于精美的雕饰。砖雕、木雕、铁艺等装饰灵活地点缀着院落的每一个角落，极尽装饰之意趣。

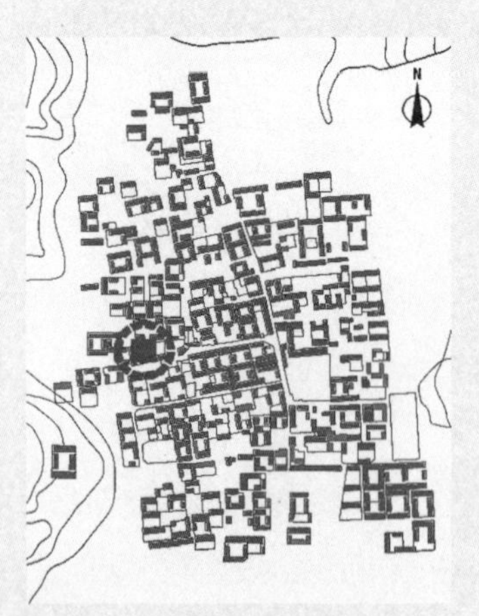

图3-111 成发昌宅院区位图示意

⑴整体格局

成发昌宅院有两进院，坐西朝东。院落主入口位于东北角（图3-112）。一进院呈狭长矩形，南北长约15米，东西宽约3米。二进院形制方整，东西宽约12米，供主人使用。一、二进院通过垂花门分隔，形成了各自独立的院落空间，特别是一进院对外界的屏蔽作用甚佳，深处二进院，几乎感知不到外面的世界。厕所位于宅院东南角，一

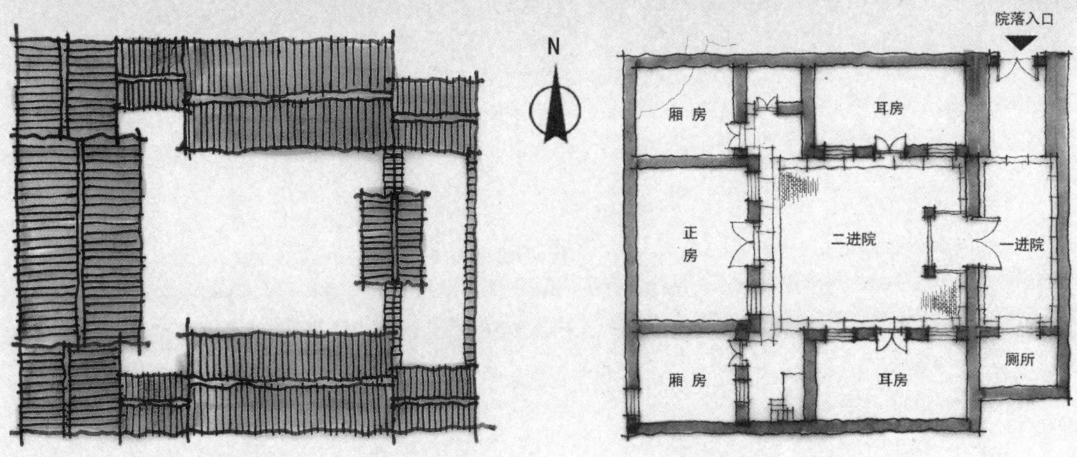

图3-112 成发昌宅院复原图

图3-113 成发昌宅院现状平面图

进院尽端（图3-113）。由于与宅门相对，因此建造者特地为厕所修建了漂亮的门面，并以精美的雕刻装饰。

⑵空间分析

宅院入口为两层通天大门楼，面宽略窄，仅1.5米，高度却近8米，夸张的高宽比凸显其细高挺拔之势（图3-114）。院内部插屏式照壁仅2米之高，与之形成鲜明对比。“对外封闭、对内开放”的心态在这里体现得淋漓尽致。

一、二进院落间的屏门由檐下的砖墙承担其大多数竖向荷载，其余少部分荷载则由檐下柱担当。这种将隔墙、门洞与悬山式屋顶组合而建的做法，一方面能够加强主要院落的安全性与私密性，另一方面将屋顶重量部分分配给了隔墙，从而使木质构件从承重主体中解放出来，因而能更加精致细微地对檐下的斗栱、额枋等进行雕琢，形成更为繁杂的装饰（图3-115）。

垂花门内外两侧檐口下为柱头科斗栱，出两挑，瓜栱、万栱与耍头均施以云翼状雕刻，其下有一对倒悬短柱，柱头向下，头部呈小鼓状，垂柱头下部还饰以龙头雕刻托梁，一头插于砖墙内，一头托起垂柱头（图3-116）。由此可见，檐下斗栱、垂柱、托梁均为装饰部件，并不参与结构支撑（图3-117）。

垂花门面向外院的一侧通常都会被精心装饰，以达到展示宅主财富和身份、地位之目的，成发昌宅这例垂花门也不例外。不管是斗栱、垂柱还是额枋、雀替，无一不雕刻

图3-114 成发昌宅宅门

图3–115 成发昌宅垂花门与插屏式照壁

图3–116 成发昌宅中的垂花门垂柱头木雕

图3–117 成发昌宅中的垂花门木雕

精细、华丽悦目。额枋和内外雀替雕刻为同一形制卷草龙纹样，以植物茎作连续波卷状变形，圆线组合作二方连续展开，形成波卷缠绵的形式，再以圆切线处有规律的草叶茎蔓出头成装饰花带，而龙头作为构图几何中心隐藏于波卷之中（图3–118）。两侧照壁均为硬山式壁顶，檐下做一排椽子出头，再在椽下雕刻仿木构的斗栱、额枋和垂柱头等砖雕装饰（图3–119）。壁心为垂柱式嵌框回纹掐边，平铺素面六边形龟背纹，岔角部

图3-119 成发昌宅中的插屏式照壁岔角砖雕

图3—118垂花门垂柱头与雀替木雕

位装饰有“鹤衔灵芝”砖雕[1]，仙鹤仰头挺胸，羽翼双爪舒展，口衔灵芝。通常仙鹤寓意健康长寿，而灵芝寓意返老还童，“鹤衔灵芝”则代表着宅主希望能够延年益寿的美好心愿。壁心的盒子部位[2]，东侧为“五福捧寿”砖雕[3]，西侧为“平安富贵”砖雕（图3—120）。壁座为素面房基石，将影壁与东西厢房连接了起来。

图3—120 成发昌宅中的插屏式照壁盒子砖雕装饰

院内正房为抬梁式，面阔三间，进深五檩，结构与构造并无独特之处。一层窗口高度

1 照壁壁心的四个角俗称“岔角”。

2 照壁壁心的中部俗称“盒子”。

3 《书·洪范》有解：“五福，一曰寿，二曰富，三曰康宁，四曰攸好德，五曰考终命。” 五福中唯有“寿”为重。“蝠”与“福”同音，故以五蝠代表五福。五蝠常围一寿字，俗称“五福捧寿”，寓意多福多寿。

出奇，窗口上檐高出门楣近20厘米，窗口高近2米，宽则不足1米，形成纤细挺拔的立面形象。二层窗口则高度一致，中窗略宽，与一层屋门相得益彰，立面中轴被强调出来（图3–121）。

成发昌宅小巧精致的合院空间，不仅创造了灵活多变的空间感受，更在每一处细节精雕细琢，装饰精彩而不赘余。这里没有宫式建筑的繁缛规矩，而时刻洋溢的是一派自然的气息（图3–122）。

图3–121成发昌宅二进院正房

图3–122 成发昌宅院一隅

5.成满昌宅院

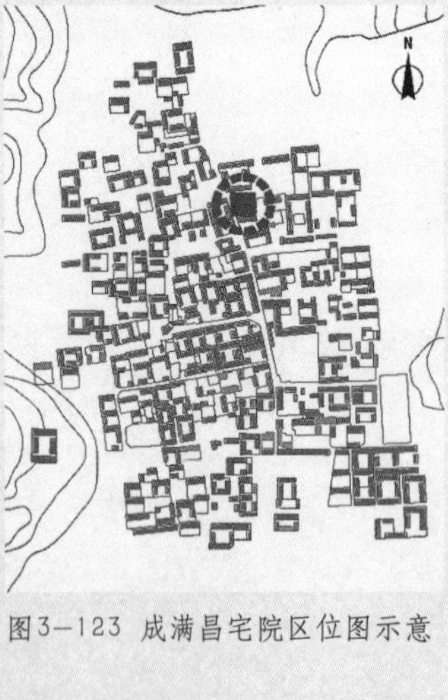

图3–123 成满昌宅院区位图示意

成满昌宅院位于村落“北社”中心区，毗邻金玉街，北抵三观庙，占地不足300平方米（图3–123）。面积虽小，但院落空间活泼，是古村中精致小合院的典型代表（图3–124）。

(1)整体格局

成满昌宅院由标准一进四合院与外院并列构成，内、外院入口均在西侧（图3–125）。外院南北长约12米，东西宽约3米，形成“空间屏障”，将喧闹的街道隔离在主宅院外，保证主宅内部不被打扰。内部宅院空间方整，长

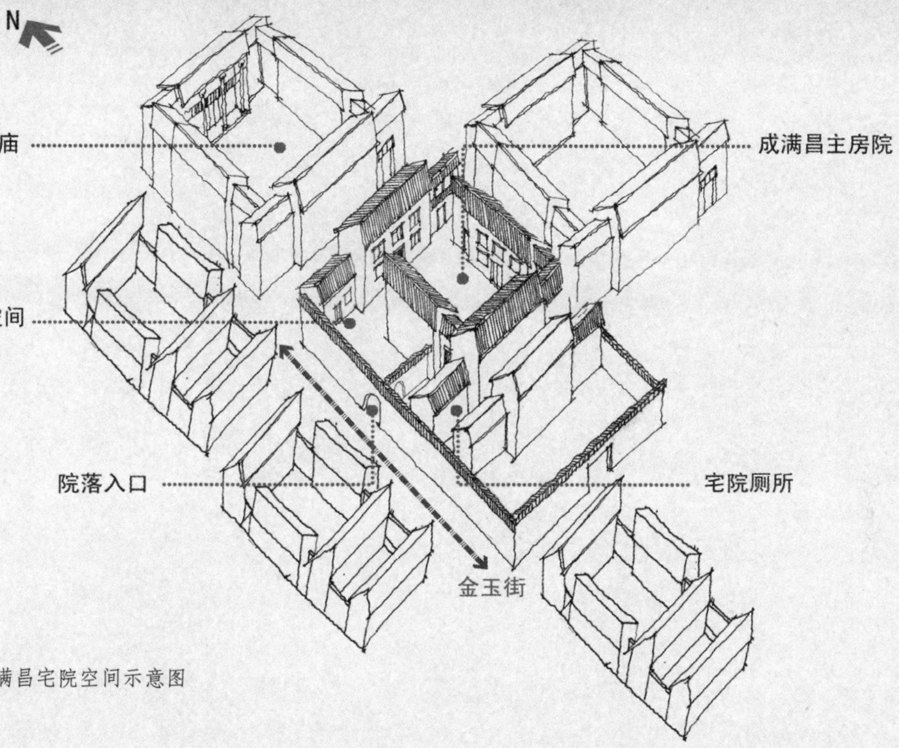

N
三官庙
成满昌主房院
仆人入院空间
院落入口
宅院厕所
金玉街

图3—124　成满昌宅院空间示意图

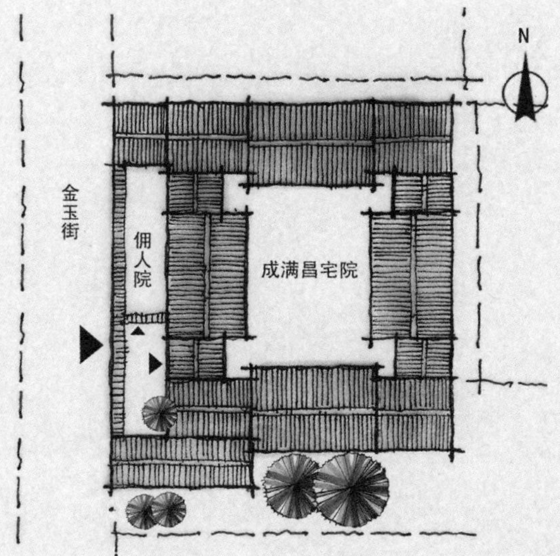

图3—125 成满昌宅院复原图

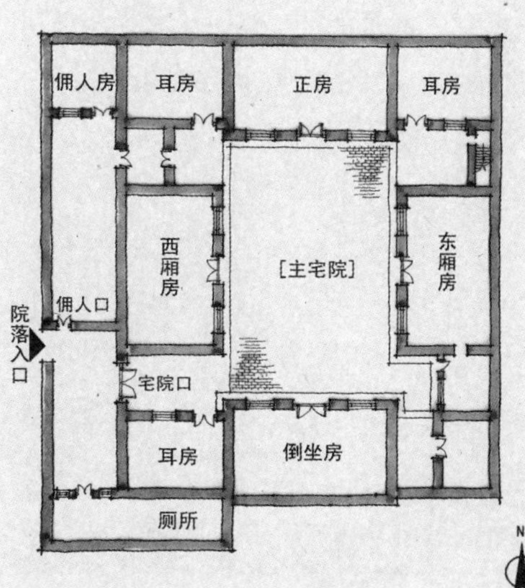

图3—126 成满昌宅院现状平面图

图3-127 成满昌宅院院落入口拱门

宽均在8米左右。有两条不同的流线通道进入主宅院：一为主人通道，另一为佣人通道。主人的通道按照一般的布局方式，由倒座耳房与西厢房之间进入，佣人则主要利用厢房与院墙共同形成的通道进入主院，主仆流线分明，进一步强化了空间的等级次序（图3-126）。

⑵空间分析

在金玉街两侧众多的院落大门中，成满昌宅是少有的采用拱门入口的院落之一（图3-127）。拱门高约1.6米，宽约1.6米，形成一个低矮的方正门洞。人的视高一般在1.5~1.6米左右，门洞恰好将人眼视线界定在1.6米以下，遮挡着视线的上边缘。院落空间处理颇为独到，无论是水平方向还是竖直方向，都进行了精细的安排。在竖直方向上，院墙高约2.2米，院墙与厢房屋脊连线遮住视线，院落内部不得知晓，但却可以通过院内高耸的古树感受其内部空间的存在（图3-128）。而若想了解院内的具体形态和完整布局则必须进

图3-128 竖直方向的空间处理示意

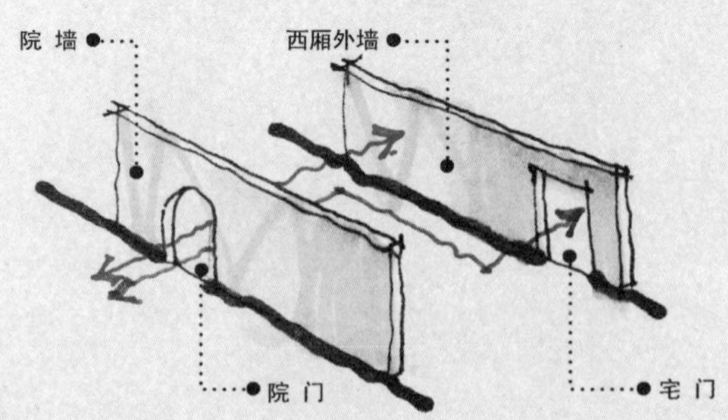

图3-129 水平方向的空间处理示意

入其内部。在水平方向上，院门与宅门错动布置，视线进行两次转折（图3-129）。这样的处理隔离了街巷外部的视线，遮蔽了院落内部空间，但又令人充满期待，起到了“犹抱琵琶半遮面”的效果。

院落内部空间尺度并不大，因外院空间狭长，造成了压抑感，因此主院空间内部虽尺度平平，空间感受却被无形放大。合院内建筑为典型“四大八小”形式，除西厢房门窗遭到损毁外，其余房间门窗均保留完整（图3-130）。院内均为两层建筑，正房面阔三间，高宽比适中，立面形象庄重大方。院内的零星植被，与散落其间的阳光相映成趣，成为宅院内部独特的风景。

成满昌宅的特别之处，在于当人们通过街巷时难以窥见其内院空间。若非地面的光影提醒人们这里还存在着一个“世外桃源”，或许没有太多人会注意到这个院落的存在。每天，当清晨的第一缕霞光照射在西黄石这座古老而充满生机的村落时，一道美妙的弧形光影在街面上形成独特的画面（图3-131）。

图3-130 成满昌宅院正房

图3-131 清晨金玉街中的成满昌宅

四、赵家大院

赵家大院又称赵家簸箕院，宅主为赵家清乾隆年间举人赵锦堂。据正房北侧墙壁上的"泰山石敢当"（图3—134）文字记载，此院建于清乾隆乙丑年（1745年）。

赵家大院位于村北小学以东，义和巷以北的街巷之中。院子北面正对一条小巷，西侧为一小片菜地。历史上村中义和巷以北的土地、宅院皆为赵家所有，后家道中落，不少土地与宅院为其他家族所分。"土改"及"文革"时期，赵家又有数间宅院被毁，现存属于赵家的历史院落仅剩此处一座。

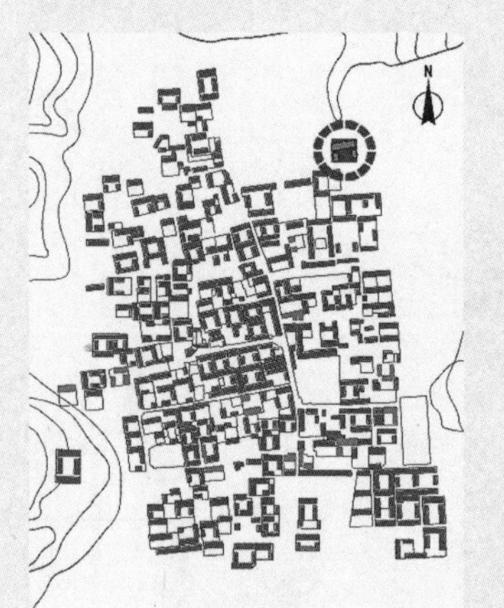

图3—132 赵家大院区位示意图

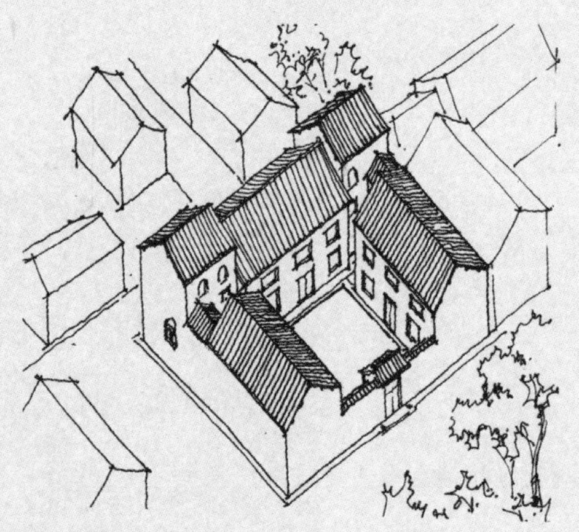
图3—133 赵家大院鸟瞰图

图3—134 北墙处"泰山石敢当"

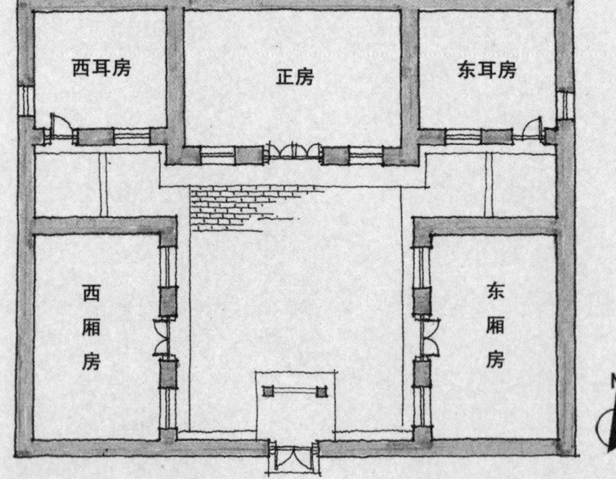

图3—135 赵家大院首层平面图

（1）整体布局

赵家大院北侧为正房，东西两侧为厢房，南侧为院墙，院墙正中院门前设有一块照壁（图3—135）。正房与厢房均为两层，正房东西侧耳房为三层。内部庭院近于正方形，边长约为10米。院内青砖铺地，房屋踢脚一周铺设青石板，作为台基及散水。

赵家大院中建筑的形式与村中其他宅院相同，为典型的明清砖木结构建

图3-136 赵家大院正房

图3-137 赵家大院东厢房

筑。以正房（图3-136）为例，面阔三间，砖墙围合，条状长石做房基。结构为抬梁式木构架，硬山屋顶。屋面平缓且檐口硬直，屋脊上有雕花脊瓦，在脊端安设吻兽。门窗形式为板门直棂窗。在功能方面，各房首层用于居住，二层用于祭祖或储藏。

（2）空间分析

赵家大院入口采用“闪门”的形式（图3-138、图3-139）。“闪门”是山西民居中除“随墙门”外另一种常见的入口形式，只是在村中比较少见。但由于闪门多沿街开设且正对庭院，故庭院与街道间缺少过渡，街道的噪声常常会对院内产生影响，而且院内私密性也无法得到保证。赵家大院通过设置影壁解决了这些问题。院门前的影壁不仅起到了隔绝沿街噪声的作用，还维护了院内的私密性，阻挡了西北风，体现了设计者对细节设计的把握。

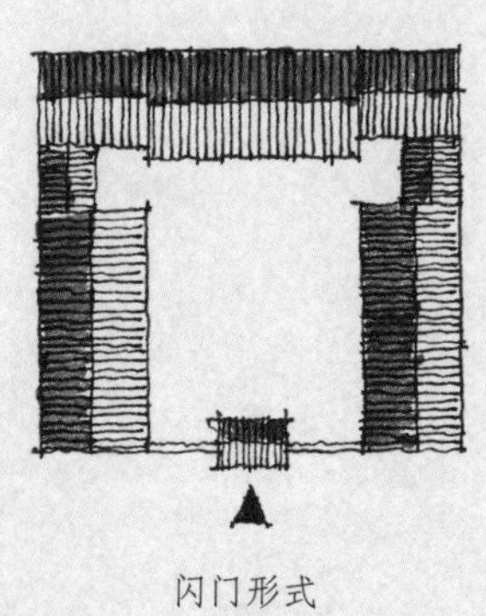

闪门形式

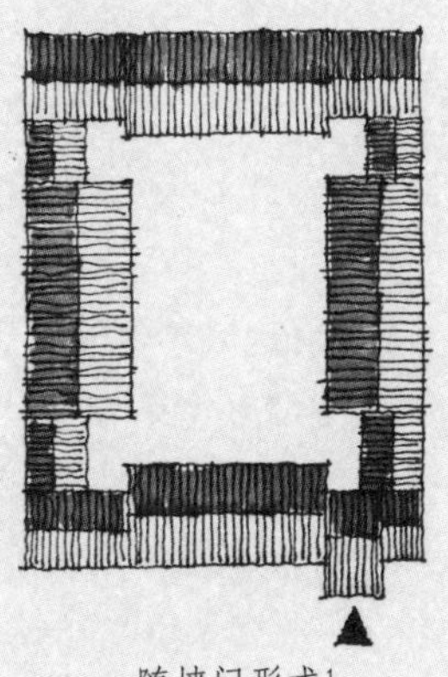

随墙门形式1

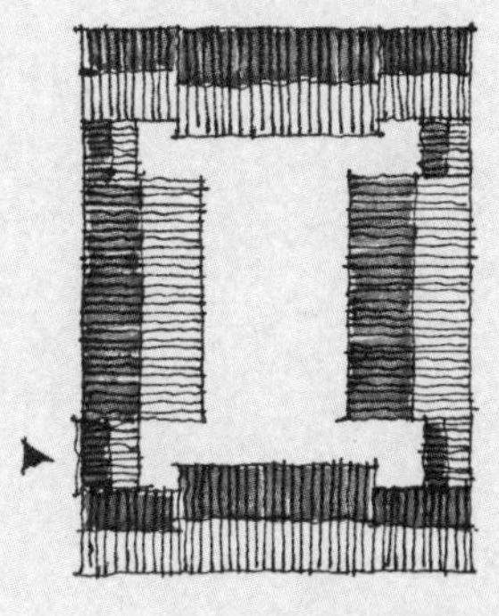

随墙门形式2

图3-138 入口形式对比

图3–139 赵家大院入口形式——闪门

图3–140 赵家大院正房两侧的三层耳房

赵家大院另一独特之处是正房两侧三层的耳房（图3-136、图3-140）。根据现房主赵先生叙述，赵家大院正房两侧的三层耳房的主要作用为“辟邪祈福”，即风水堪舆之用。其原因就是赵家大院的北侧正对着一条小巷，在风水学上非常不利。为防止街巷中“戾气”传入家院之内，宅主特意加设三层耳房以辟之。正房北墙的“泰山石敢当”也具有同样的作用。除此之外，这两座三层耳房还具有精神层面的象征作用。由于赵家大院宅主赵锦堂在建造宅院时已考中举人，为了祈祷自己能官运亨通、节节高升，他在建造赵家院时刻意将两侧拔高，以取“官帽”意向。

五、王家大院

（1）整体布局

村中现存最完好的王家大院位于金玉街与义和巷的转角处，其北侧与义和巷有一院之隔，西侧紧邻金玉街。此院建设年代不详，只知其原本为成家所有，后成家中落，欠下债务，于清朝末年卖与王家。

王家大院的入口形式为“随墙门”式入口，大门设在西厢房与倒座之间，朝西面开

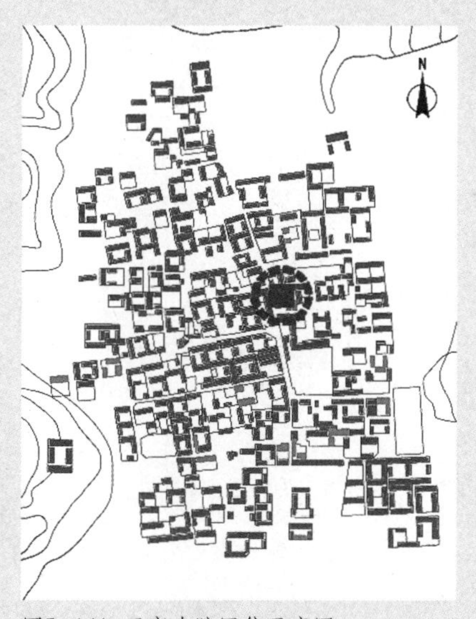

图3-141 王家大院区位示意图

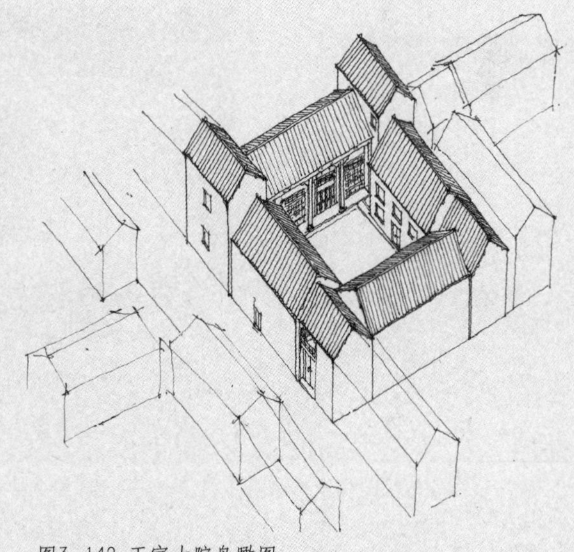

图3-142 王家大院鸟瞰图

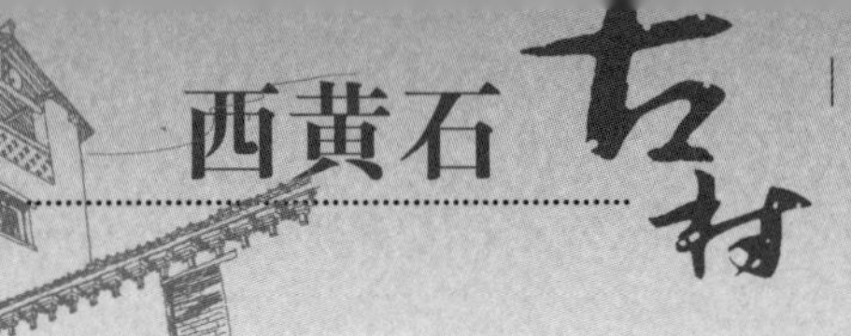

设。入口形式为通天门楼，一层为入口，二层为眺阁。王家大院采用的也是常见的“四大八小”形制（图3-143），北侧为正房，南侧为倒座，东西两侧为厢房，耳房则位于各主要房屋的两侧。正房两侧耳房为三层，其余房屋皆为两层。

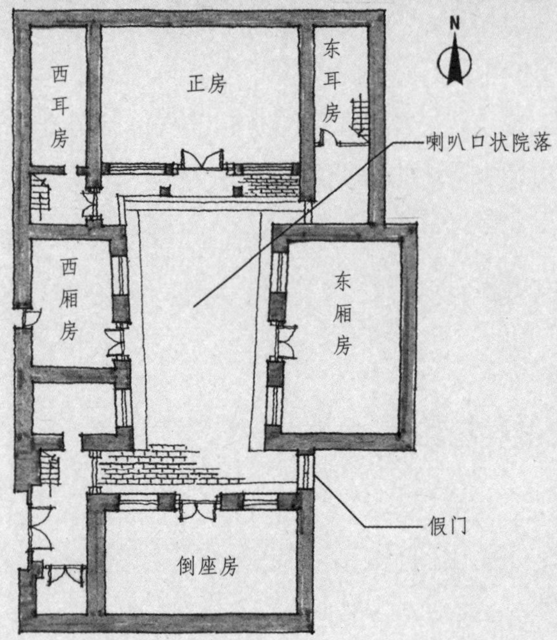

图3-143 王家大院首层平面

图3-144 王家大院入口门楼

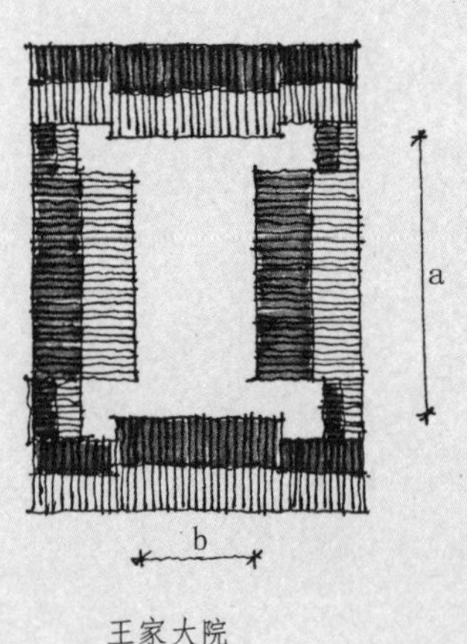

王家大院
a/b=2.5：1

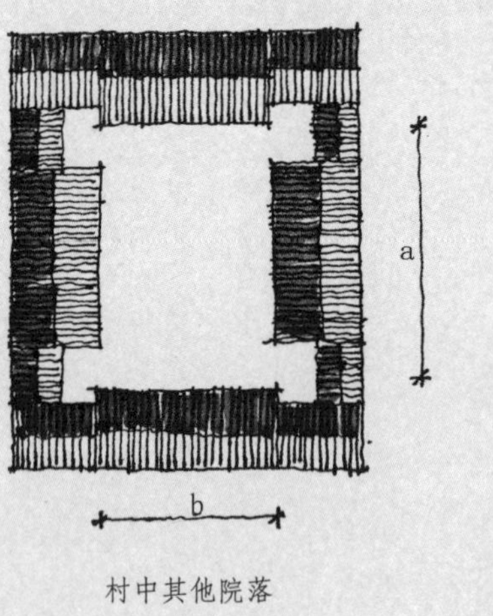

村中其他院落
a/b=1.5：1

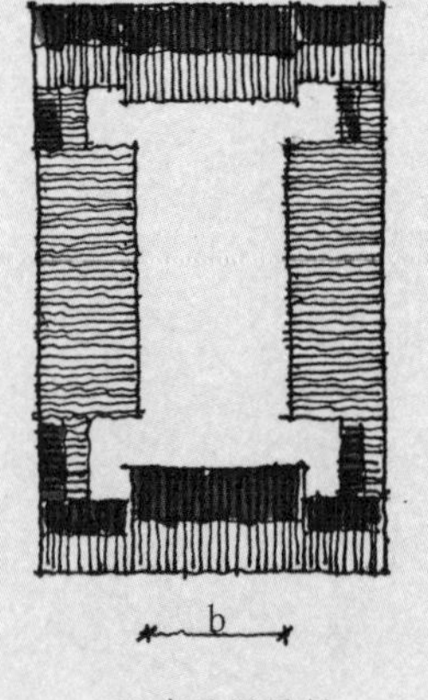

晋中地区民居
a/b=3：1

图3-145 几个院子的长宽比对比

图3—146 狭长的院子

(2) 空间分析

王家大院的院落有两个特点。其一是：院落长宽比较大，院子较为狭长（图3—145）。王家大院院落长宽比大约在2：1～2.5：1之间，而村中其他宅院院落长宽比大多在1：1～1.5：1之间。设计者之所以将此院落设计得如此狭长，一方面是地形的限制。在建造此院落时，东侧已有一座宅院，而其西侧又为金玉街所限。由于基地狭长，此院落只能得到如此宽度。另一方面，狭长的院落也与风水不无关系。王家院大门迎着主街，在风水学上这种布局会有“财气消散”的意味。所以为了“聚敛财气”，主人便将院落设计得如此狭长。院落的第二个特点是：王家大院平面并非呈现一个标准长方形，而是北侧比南侧略宽，类似喇叭口。这样设计可以让给正房更大的面积，同时院子的开口向正房方向略微打开，在风水学中有“财源滚滚”的意味，这也体现出设计者对风水堪舆的考虑。

院落西侧的入院小门沿中轴线对称的东边位置有一座“假门”。据院中居住的老人讲，这座门打开以后其实是一堵石墙，即是说若从外面看，这里是一面完整石墙而没有门。宅主之所以要设置这样一面假门，主要是希望院落在布局上能尽量形成对称的形制。

图3–147 正房立面的装饰

图3–148 装饰细部

王家大院的正房设有檐廊（图3–147）。檐柱断面呈正方形，四边略微倒角。柱础为四方柱础，呈几腿形式，其上刻有精美瑞兽浮雕。檐柱将阑额撑起，阑额正中刻有动物纹饰，如羊、蝙蝠等，以表吉祥之意。阑额两端雕刻花卉纹饰，例如牡丹、莲花等，造型简洁而不失细腻。阑额下施月梁，月梁两端也刻有花卉纹饰，但比阑额处纹饰稍小。在梁柱交接处施以雀替，其上雕刻有如意、卷草等图样，造型简洁、幽雅。阑额上方的垫块也刻有精美纹饰，如当心间雕刻一只肆意狂奔的梅花鹿，栩栩如生，呼之欲出。

西黄石古村的庙宇建筑

MIAOYU JIANZHU

一、庙宇建筑概述

图4–1 翻修前的普觉寺正门

图4–2 翻修前的普觉寺正殿

图4–3 关帝庙

俗话说："商人不离乡土。"意思是说在古时候，几乎所有商人在成功后都愿意回乡建设，一方面显示财力，一方面光宗耀祖。西黄石古村也不例外。据村内碑文与花梁记载，村中有很多商人皆于明末清初携巨资回乡，大兴土木，修建豪宅。而当商贾们买足田地、造齐宅院之时，便会出现"无妄之费"。于是斋僧礼佛，建设寺庙之事便得以开展。所以村中大多数庙宇建筑皆是在明清时期，由村中商人捐资建造或翻修的。

目前所知西黄石村共修建有七座庙宇建筑，分别是：玉皇庙、三官庙、祖师庙、普觉寺、关帝庙、马王庙和杜家财神庙。其中马王庙在"文革"时被毁，现已不存。普觉寺在2008年被翻修一新，已不复原先历史风貌（图4–1，图4–2）。在其余几座保存较完好的庙宇建筑中，关帝庙形式最简，其仅有正殿一座，无院落及附属建筑（图4–3）。杜家财神庙原为杜氏族内祈福求财之地，"土改"后改作村民公共活动场所(图4–4)。

几座庙宇建筑在布局上十分考究，体现了风水堪舆的一些特点。比如以"伏羲八卦"来分析几座庙宇建筑在村中位置，不难发现：祖师庙位于村子最北端，为八卦中的坎位，此卦象征"水"，代表四季

图4—4 杜家财神庙

中的冬至，是万物休养积累的卦位；玉皇庙位于西南侧山地之上，为八卦中的坤位，象征“地”，代表立秋，是万物开始成熟的卦位；普觉寺位于东北侧，为八卦中的艮位，象征“山”，代表立春，是万物周而复始的卦位；马王庙位于最东端，为八卦中的震位，象征“雷”代表春至，是万物复苏、万象更新的卦位；居中的三官庙、关帝庙与杜家财神庙则表示阴阳。考虑到与八卦相配的五行，祖师庙、玉皇庙、普觉寺和马王庙则分别代表了五行中的“水”“土”“木”。在战国后期，阴阳家邹衍提出了“阴阳五行生胜说”，从中可得“土克水，水生木，木克土”。所以可以看出，西黄石村庙宇建筑在选址上也充分体现了

图4—5 现存寺庙建筑分布图

五行中相生相克的特点。

此外，古村中几座庙宇建筑所体现出的宗教意味并不是很浓，更多体现的是一种村民们对自然神和人格神的崇拜。即是说，村民们所追求的并不仅仅是对神的膜拜，而主要是对日常生产生活愿望和需要的向往。而且自古至今，这些庙宇都不是一种高高在上的姿态存在于村中，而更多的是村民们非常重要的文化生活场所。

二、典型庙宇建筑

1.玉皇庙

(1) 历史沿革及概述

玉皇庙是西黄石古村现存建筑中，历史最为悠久的一座。据庙内碑文记载，玉皇庙建于金宣宗贞祐年间，始为佛庙，后于大明正德七年（1512年）改立为玉皇庙。同时它也成为了确定西黄石建村年代的重要依据。玉皇庙正殿花梁上载“大清道光五年五月廿九日卯时上补修正殿三间东北西北角殿各三殿”（图4−7）。由此可知，在正德年间立庙之后，玉皇庙又在清道光五年补修完善，终成今日之格局。

图4−6 玉皇庙鸟瞰图

图4−7 正殿花梁上的文字

玉皇庙位于村子最西端，坐落在一座十余米高的山坡之上，是村中现存建筑中唯一一座与坡地相结合的建筑。清道光十九年（1839年）碑文载：“黄石村成福崙、成福山、成安泰有小泊池焉。村中或饮牲畜，或澣衣服皆藉资于此。乾隆四十九年十月初一日，伊三家商议情愿，将池施与南社为一社之用。因同社首张大用、成烈忠、成士通、成太生言明：日后泊池凭社经营，或填或存，不与成性相干。今池已填矣，恐年久昧所由来，爰议补勒石碑。庶乎施主之义举，永远不忠耳，是为记。”

图4-8 正月十五庙中祭祀活动

碑文中提到的“小泊池”共有两片，分别位于玉皇庙的东西两侧，距庙南侧正门约150米。这两片池水不仅为村西居民用水提供了便利，同时也被称做玉皇庙的“龙眼”，具有一定风水意义。

由于玉皇庙历史悠久且所处方位风水甚佳，村民们皆视其为朝拜圣地。每月初一和十五，村民都会到庙中烧香朝拜，祈福迎祥。此外，农历正月初九和九月十三是玉皇大帝的生日和忌日。在这两天前后，村民们也会在玉皇庙院子中搭棚设座，并请来专业演员到庙中戏台说书唱戏，热闹非凡（图4-8）。

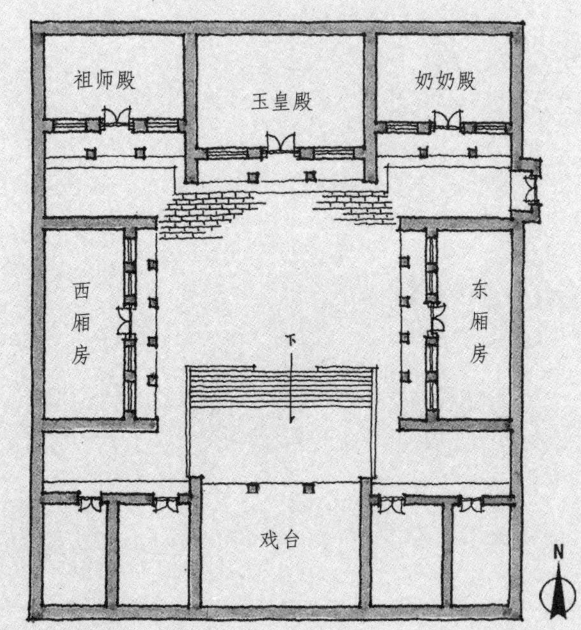

图4-9 玉皇庙二层平面图

（2）总体布局

玉皇庙整体布局呈长方形，东西宽约20米，南北长约25米（图4-9）。由于地处山坡，玉皇庙在山脚与山腰处各开一门。其中山脚处的南门为寺庙正门，但平时不开，只有在举办重要祭祀活动时才开启。山腰处的东门为旁门，它与玉皇庙主体建筑处于同一标

图4-10 庭院北侧地面孔洞

图4-11 栏杆上的纹饰图样

图4-12 正殿玉皇殿

图4-13 南侧戏台

高，为平时日常所用。两门所处标高相差约4米。玉皇庙一进院落，内部庭院呈长方形，长12米，宽10米。在庭院北侧地面之上，凿有八个圆形孔洞，分列南北两排，间距相等。据村民说，这些孔洞主要用于插入木桩，搭设棚台（图4-10）。在庭院南侧，设有十六阶踏步以通向山脚处山门，两侧石筑栏杆上刻有精美纹饰（图4-11）。建筑呈“一殿两厢”布局。正殿玉皇殿（图4-12）坐北朝南，东西各设一配殿，分别为奶奶殿与药师殿。院子东西两侧为厢房，现主要用于储存杂物。戏台（图4-13）位于南侧，正对主殿。

正殿玉皇殿面阔三间，进深六椽，高达7米。殿前设檐廊，檐廊由正殿两侧砖墙及中部两根檐柱支撑。檐柱断面呈正方形，四边略微倒角。柱子高宽比约1：12，柱身纤细，表面施以红漆。柱础为方形柱础，呈几腿形式，四面几腿夹心部位均雕刻有不同的瑞兽，甚是精巧。墙柱将阑额架起。阑额下施月梁，月梁两端雕刻有牡丹图案。梁柱转角处雀替刻有卷草纹饰，形式简洁洗练。阑额之

图4-14 站在戏台上遥望正殿

图4-15 柱头铺作

图4-16 补间铺作

上，赫然端坐斗栱七朵。其中柱头铺作，转角铺作各有两朵，补间铺作三朵。转角铺作与柱头铺作均为双下昂垂栱计心造，共两跳，第二跳跳头施令拱，与耍头相交（图4-15）。昂为假昂，实为昂嘴型华栱，这种形式在明朝时期的宗教建筑中比较普遍。补间铺作的形式也为双下昂垂栱计心造，但假昂与斜华栱呈一定角度相交，形式颇为复杂（图4-16）。屋顶为悬山顶，正脊上刻有祥云纹饰，斜脊上刻有卷草龙纹图案。在正脊两侧原有吻兽两只，中央也曾有琉璃烧制的楼阁做装饰，现已不存。

玉皇殿正殿之内，居中端坐着玉皇大帝金身塑像[1]。周围有侍女四位，各立一角。神台左侧供奉着四大天王。四神各执一物，面目狰狞，形容威严。相传四大天王俗谓"风调雨顺"四字，有五谷丰登、国泰民安之意。神台左侧供奉有天篷、天猷、黑煞、真武四圣。四圣原是北极紫微大帝的四员大将，宋朝的时候受到皇帝特别的重视和提倡，在道教神祇中地位显赫。在殿内东西两侧墙壁之上有二十八星宿彩绘图样（图4-17）。各宿神灵或执兵器，或牵神兽，形态不一，神采各异。正殿主梁上赫然绘有金龙一条，旁边配以七彩祥云纹饰（图4-18）。次梁上绘有青色麒麟两头，红色图底相衬。此外，每根椽子上也都印有象征吉祥如意的花卉纹饰，可谓华美至极。

在玉皇庙正殿两旁，有药王殿与奶奶殿。药王殿是为纪念唐朝名医孙思邈而建。相传

1 现存的玉皇大帝像、四大天王像、四圣像均为新中国成立后所塑。

图4-17 主殿内壁画——二十八星宿

图4-18 梁枋上的龙纹饰样

孙氏因治好了唐皇娘娘的病，被御封为“药王”。药王庙尺度不大，只有一开间，也设檐廊。大门两侧挂有一副对联“万里风光供吐纳，四时花草著精神”。门上方嵌一横匾，镌有“药王殿”三字。殿中正对殿门位置设一神龛，龛正中有药王圣像，左右列龙、虎二将，均溢金流彩。东侧的奶奶殿主要为祈儿求女之用，也有檐廊。殿内神台上设有四奶奶和四爷爷神像。两侧为眼光奶奶、催生奶奶、奶母奶奶等塑像。各奶奶身前皆有锦鞋贡品若干，可见村民们虔诚的求子之心。

（3）空间研究

①剖面空间研究

玉皇庙位于山丘之上，特殊的地理位置也造就了其独特的空间形式。玉皇庙的院落标高与南侧正门标高之间有4米高差，以两段青石墁成的石阶将上下两部分进行联系（图

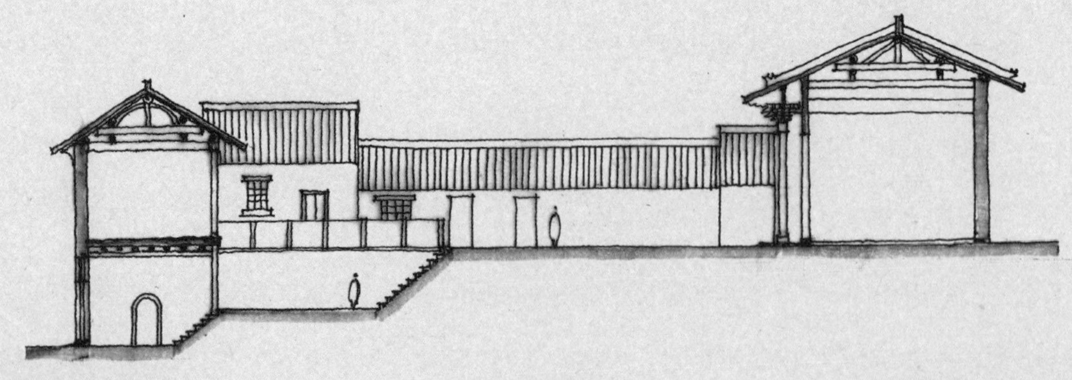
图4-19 剖面图

4–19）。这种空间设计不但顺应了地势丰富了空间，同时满足了朝拜者的心理：随着他们一步一步拾级而上，正殿一点一点显露出来，给人一种肃穆神圣的感觉。而且对于南侧的戏台，此处台阶所形成的高差正好将院子划分出两个观演场地，一方面避免了观演时视线的遮挡，另一方面又划分出不同的观赏区域，符合封建的等级观念。

②平面空间研究

玉皇庙建筑的平面组合形式并不复杂：正殿、东西厢房、戏台围合成一院。但是在这种简单的形制之中却蕴含了中国古代道教建筑独特的空间——大道无形，虚实相生。“中国人在很久之前就提出了‘自然实体’与无形的天道之间和谐一致的思想。人们对‘东—西’的认识提供了一种对时间与空间的线性理解，并提炼为‘阴阳两极’的概念；从而进一步衍生出‘南—北’，‘上—下’和‘前—后’。‘阴阳两极’成为一个可以包含万物之道的空间概念。”[1]当这些二维概念——“东西”和“南北”——组合成一体，一个平面空间就应运而生。”

在玉皇庙的空间设计中，设计者强调了道家学说中“天地宇内分八方，中心虚无为太极”的核心理念，并从中进行演化，最终形成“小巧方形坐中心，四边各附另一方”的形式。即一个长方庭院，四周环附着四个庙堂的形式。这种形式的特点就是：中心庭院的围合感很强，村民们汇聚在此，可以直接与神、与天进行交流，体现了很强的天人合一的特点。所以说，在玉皇庙中，观者实际上是位于一个由四个主要的空间组成的平面中心。由于处于空间的中心，人便可确定空间中各点的关系，从而确立自身的主体地位。“但是我们同时又看到，这种‘中心至上’的空间观念仍是‘空寂’的，它并非我们每天生活的实际空间，而是祈福迎祥的疆土，是一种对至上神权的膜拜。”[2]

2.祖师庙

（1）概述

西黄石村的祖师庙供奉道教四圣真君之一玄武真君。

祖师庙约建于明朝中期，清道光年间有过翻修。但至于它的准确建造年代，则无从考证。

1 李晓东著.中国空间.中国建筑工业出版社，2007：P33.

2 李晓东著.中国空间.中国建筑工业出版社，2007：P37.

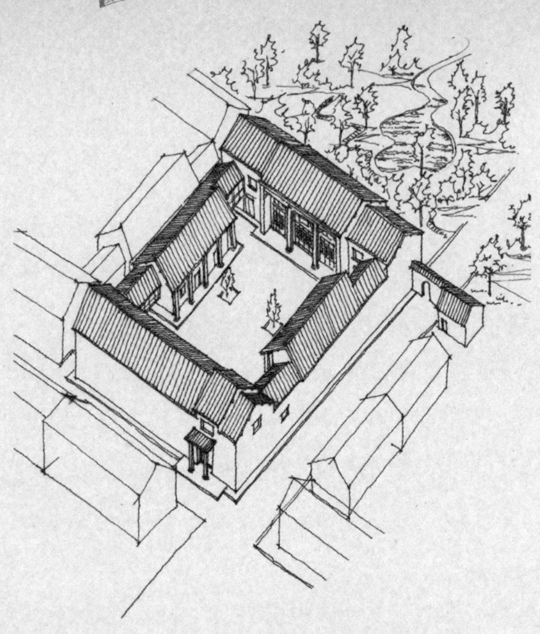

图4—20 祖师庙鸟瞰图

图4—21 庙中碑文《茂林口栽树碑记》拓片

祖师庙位于村子北口，村中主街金玉街的尽端。在祖师庙以南有许多民居宅院与之相邻，北面则是村外的一片荒地。庙中清乾隆五十六年（1761年）《茂林口栽树碑记》（图4—21）中载："吾乡之北旧有杨树几株。补其风脉，历年既久，树多腐朽。首事成广成攀瀛等虑其摧残有碍一乡风脉，偕公议量力捐资，将朽腐者去之，新栽小树四十余根，以补朔方之缺。此一事也，不但一社有光，寔于合村有益事，既竣，嘱予曰：'栽树之地，当著其名，树傍之池，亦当有名。'予思嘉植纷披，芳林业集，可称茂林口。树傍之池，当名润芳池。此皆首事人意也。至于所栽之树，或有人戕害入庙议罚亦首事者所管。自今以后，维潘维垣，于树有厚望焉。吾乡风脉，其有寖昌之势欤。"

据村中很多老人讲，碑文中的"吾乡之北"主要指的是祖师庙北侧的荒地。由此可知，在清乾隆年间，祖师庙北侧曾有大片树林及池塘，其环境可谓清静幽雅。而现在，此处已无"茂林芳池"，仅有几株毛白杨树仍矗立于此。

在平时，祖师庙庙门正对主街敞开，周边的居民十分喜欢在茶余饭后到庙门口闲坐攀谈，避暑纳凉。每年农历三月初三是祖师祭日，这天前后，祖师庙内集会、观演、祭祀活动不断，可容纳近百人。

(2) 总体布局

祖师庙规模不大，仅有一进院落，其整体形制呈长方形，东西宽约18米，南北长约24米（图4—22）。庙门开设在南侧，内部中央为庭院，庭院宽9米，长15米。其四面各有建筑围合。其中正殿祖师殿（图4—24）坐北朝南，左右各有一耳殿。东西两侧为祭祀用的厢房。戏台正对主殿，位于南侧。除祖师殿、东西耳殿与戏台为二层建筑，其余建筑皆只有一层。

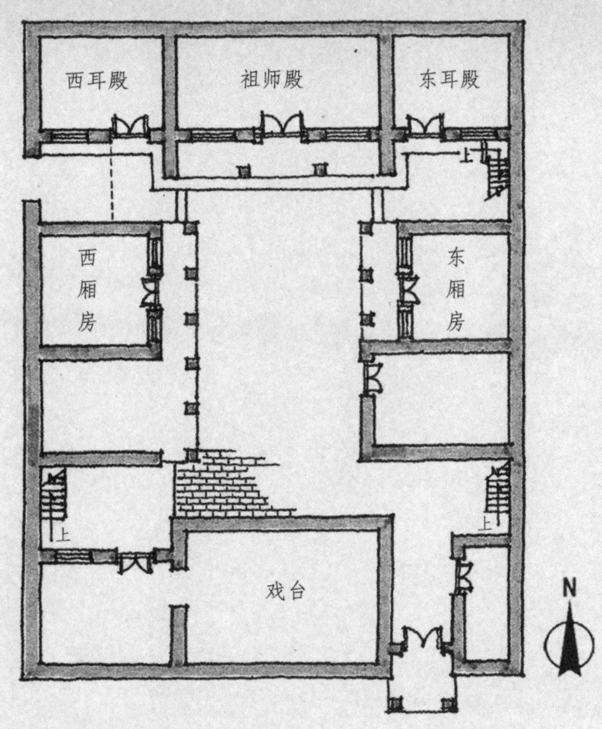

图4—22 祖师庙首层平面图

正殿祖师殿面阔三间，进深六椽。正殿前设檐廊，前廊宽约1米。四根石制檐柱，石柱呈四方抹角，柱下有雕花石柱础，呈几腿样式。额枋之下加一道月梁，梁柱间有雀替，皆施以复杂卷草纹饰。额枋之上，有出双跳斗栱支撑屋檐。斗栱一共四朵，两朵柱头铺作，两朵为转角铺作，未设补间铺作。斗栱有两铺作。昂实为昂型华栱，昂首呈象鼻状，昂嘴断面为五边形。斗栱上隐约可见祥云彩绘纹饰。正殿屋顶形式为悬山顶，用琉璃瓦剪边。正脊两侧设有吻兽，现已残破。

图4—23 祖师庙入口

图4—24 祖师庙正殿——祖师殿

图4—25　东配殿内壁画

祖师殿东西两侧各有耳殿一座，西耳殿二层已毁，现改为民房。东侧耳殿保存完好，首层用于储物，二层外廊墙壁处设一神龛，供奉眼光奶奶。配殿室内供奉千手观音，周围墙壁上绘有壁画，内容皆为千手观音向弟子传授佛学的场景与典故（图4—25）。

祖师殿的对面是一座戏台（图4—26）。戏台坐落在石筑台基之上，台基约1.8米高。台基内空间为贮藏之用，台基之上则为戏台的主体。其西侧耳房是后台部分，即演员准备与休息的房间。在“大跃进”时期，村生产队将祖师庙戏台正面完全封闭，以作粮食储备之用。后来村民又将戏台正面开设一个方形孔洞，使其继续作为舞台使用。但由于开口比原先稍小，因此戏台正面的表演空间略显局促。

（3）空间研究

祖师庙一直是村中重要的集会场所。每逢重要的节日，庙中都会举办大规模的演戏活动，所以戏台空间也自然而然成为庙中最重要的部分。而且，西黄石中庙宇建筑的戏台部分又有很大的相似性，所以笔者以祖师庙的戏台空间为例介绍一下村中庙宇建筑戏台空间的特点。

首先，戏台与庙中庭院之间具有明确的限定，这种限定主要是通过戏台下较高的台基形成的。之所以会有这样的限定，主要有如下几个原因：一是这样可以体现中国传统道德观中的等级观念；二是防止演出时观众之间视线的阻挡；三是增加戏台的气势；四是台基下方空间可作贮藏之用。以祖师庙的戏台为例，戏台与庭院地面的高差多达1.8米，远远大

图4-26 祖师庙南侧戏台

于正殿、配殿与庭院的高差。可见这种空间的限定还是比较强烈的。

其次，庙中戏台并无繁杂的装饰，也无写实布景的衬托。这个特点体现了中国传统戏曲的虚拟性。举个简单的例子，比如演员想要表现跨越门槛时，他们仅仅只是将脚抬离地面而已，而并非有“门槛”这样一个实体的道具来作辅助。又比如当戏中出现一些打斗的场面时，演员也只是点到为止。所以在中国传统戏曲演出中无论内容的表述还是情节的推进均靠演员的“唱，念，做，打”来实现，它对演出空间的要求并不苛刻。所以一般在演出时戏台上仅设“一桌二椅”足矣，几乎为裸台。而如果戏台空间与装饰设计得过于繁杂，反而会抢了戏剧本身的主角地位，以致喧宾夺主。

3.三官庙

(1) 历史沿革及概述

三官庙又称三元庙，是我国古代较为常规的道教寺观。庙内供奉的是天地水三官，即

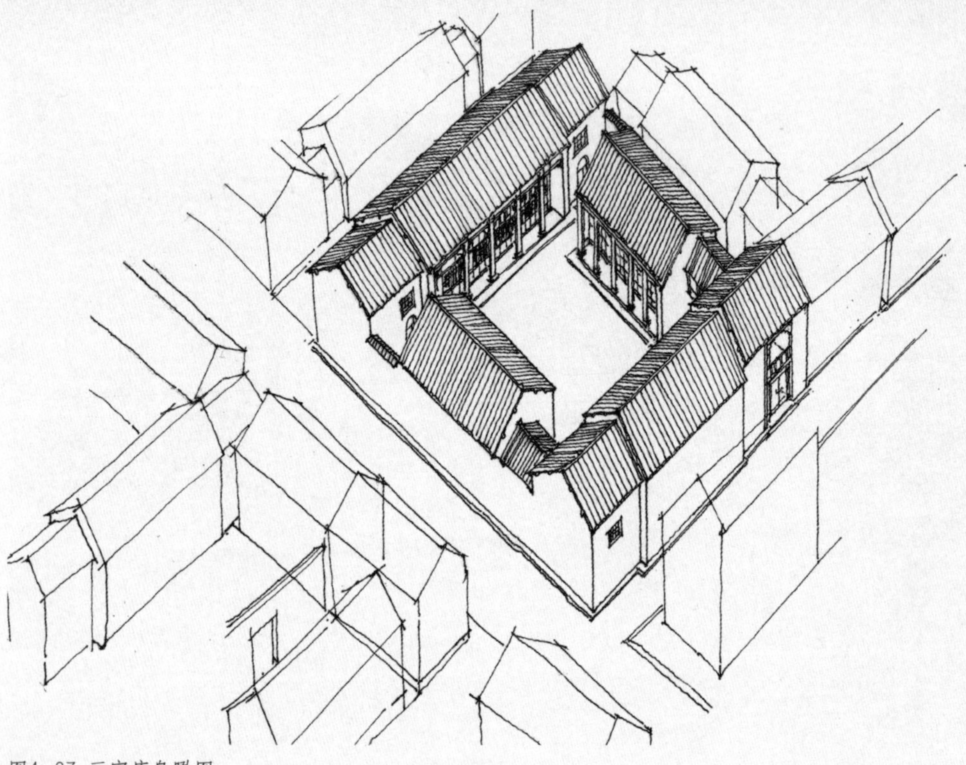

图4-27 三官庙鸟瞰图

上元一品九气天官——赐福紫微大帝；中元二品七气地官——赦罪清虚大帝；下元三品五气水官——解厄洞阴大帝。传说天官赐福，地官赦罪，水官解厄。可见，人们之所以对三官顶礼膜拜，主要也是为了祈求“风调雨顺”、“国泰民安”。

三官庙建设年代已无据可考，据其建筑形式及斗栱样式推测，大约建于明末清初时期。此庙位于村中古街金玉街的东侧巷内。由于三官庙的主入口与金玉街主街之间有一巷之联，巷约十米之深，故其所处位置并不是十分明显。三官庙虽然并不是村中的主要祭祀场所，但每逢三元日，即农历正月十五、七月十五和十月十五，村民们也会在各殿之前设一香炉，以表对神灵的虔诚之心。

（2）总体布局

三官庙的整体形制趋于正方形（图4-28）。庙门开在南侧，为通天门楼形式（图

4—29）。内部为长方形庭院，长约13.6米，宽约12.3米。四周各有建筑围合，呈四合院形式。正殿三官殿（图4—30）坐拥院落正北方向，殿门朝南。院落南侧为一戏台（图4—31），与正殿相对。东西两侧为厢房，做存储祭祀之用。

正殿三官殿的开间较广。不同于玉皇庙和祖师庙的三开间，三官庙开间为五开间，进深六椽。其断面似宋《营造法式》中“六架椽屋，乳栿对四椽，用三柱”的形式。由于整体的开间较大，三官庙主殿给人感觉十分宽阔，富有张力。主殿前设一道檐廊，约一米宽。四根方形石制檐柱将阑额架起。石柱柱身高宽比约为1：16，纤细高耸。柱础分为两种，一种为方形茶几状柱础，另一种为兽形柱础。阑额由五道原木组成，木上并无彩绘装饰，梁柱间无雀替，形式较为简洁古朴。阑额之上设有十一朵斗栱，斗栱形式简单，尺寸较小，间距也较为紧密。其中柱头铺作为单杪单下昂形式，单栱计心造。其中下昂直接施于栌斗之上，华栱却在下昂之上，较为少见。且昂的形式较村中其他寺庙建筑的斗拱平直，所起结构作用显然已大大降低。补间铺作稍作变化，为斜华栱形式，单杪无昂。三官殿的屋顶形式为悬山顶，正脊与垂脊皆被翻新，原先的纹饰已无法辨别。

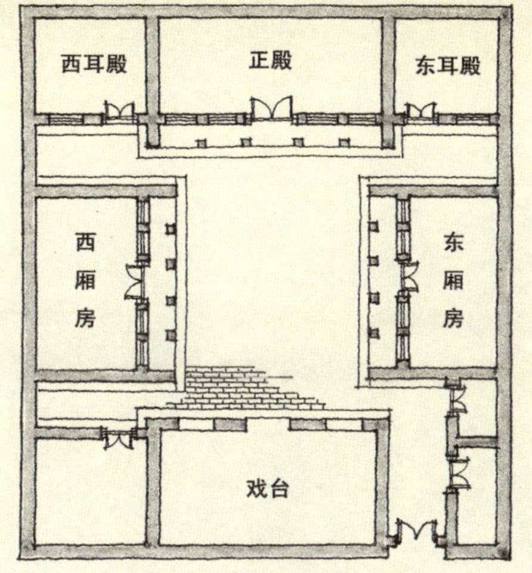

图4—28　三官庙首层平面图

图4—29 正门通天门楼

图4-30 三官庙正殿

图4-31 三官庙南侧戏台

图4-32 梁栿上的赤龙彩绘纹饰

主殿之内的天地水三官塑像现已不存，而殿内壁画及梁栿上的彩绘依旧清晰可见。尤其是梁栿上的赤色蟠龙纹饰（图4-32），细节繁多，层次分明，栩栩如生，呼之欲出。可见当时彩绘工艺水平之高，令人叹为观止。

【第五章】

西黄石古村的装饰艺术

ZHUANGSHI YISHU

建筑装饰是为了保护建筑构件，完善各构件的物理性能和使用功能、并美化建筑物的内外形态，采用装饰装修材料或饰物对建筑物的内外表面、空间、构造节点、细部等进行的各种处理。中国古代民居装饰作为建筑装饰的重要组成部分，其形式多样，内容丰富，寓意深刻，尤其注重功能与美观的结合，成为建筑中不可缺少的一部分，也体现了中华民族传统的审美观、道德观和价值观，寄托了人们对美好生活的期待与向往。

西黄石古村传统建筑遗存丰富，并运用了大量的装饰图案来对其加以衬托、美化。西黄石古村装饰艺术的最大特点是：从整体出发，在保证建筑风貌协调统一的前提下，对建筑细部进行雕琢，装饰精致细腻但又不喧宾夺主。除此之外，西黄石古村的建筑装饰还包含以下特点：

（1）装饰种类繁多。西黄石古村内，木雕（图5-1）、石雕（图5-2）、砖雕（图5-3）、彩绘、铁艺等多种装饰种类交替出现，常常是一座院内就包含有多个种类的装饰。

图5-1 村中某院“凤喜牡丹”木雕

图5-2 普觉寺功德碑双龙石雕

图5-3 村中某院悬鱼砖雕

（2）装饰手法多样。在西黄石古村的建筑装饰中，雕、镂、塑、嵌、刻、绘等装饰手法运用娴熟自如，每个装饰部位都至少使用两种以上的装饰手法。

（3）装饰内容丰富。植物、动物、人物、文字、山水风景等内容往往单独或者以组合的形式出现在各个部位的装饰中，构成了多姿多彩的装饰画面。

（4）地域特点突出。村中各种装饰形式和内容都带有浓郁的晋东南地方特色。西黄石村内这些石刻砖雕、精镂细刻、彩绘金装的传统建筑，历经数个世纪的洗礼依旧典雅精妙，表现了传统文化艺术的超时空性和强大凝聚力，它们不仅起着烘托建筑主体的作用，还承载着古村人民对美好生活的向往。

一、铺首

西黄石古村的铺首多为“U”字形门环如意边饰圆形铁铺首，即以如意图纹饰边的圆形铁片一分为二，分别钉在两扇门扇正中央的门缝旁，铁片上或镂空或阴刻各种吉祥图案，上环衔用于穿插门闩用，“U”形衔环则挂在每扇门的两个下环衔上。铺首旁常常还有一小块单独的铁页饰品，可防止门闩开启时伤及门面，还有装饰美化门面的作用。

铺首作为大门的装饰通常多以动物兽面的形式出现，这主要是出于人类对世间生灵猛兽等的敬畏和崇拜之情，大门作为院落的第一道屏障从安全性出发自然应使人有敬畏之心。而西黄石古村的铺首装饰则不太相同，其装饰内容多以植物、瑞兽、文字等吉祥纹样为主要题材。

图5-4 鱼衔莲花铺首

图5-4这例铺首为鱼衔莲花镂空铁饰，鱼繁殖力旺盛而莲蓬多籽，民间常用鱼莲组合来表达希望家族子孙繁衍、人丁兴旺的美好愿望。此外，鱼音同“余”，莲音同“连”，鱼莲组合也有“连年有余”的美好寓意。图5-5这例铺首中的图案为莲花和菊花组合，整体构图活泼，莲花“出淤泥而不染”，菊花则以“花中君子”扬名，此处莲菊同时出现，更加表达了主人高风亮节的高贵品质和远大的志向。

图5-5 莲、菊组合铺首

图5-6 文魁院游龙镂空铁饰铺首

图5-7 蝙蝠纹饰铺首

图5-6文魁院这例瑞兽纹样铺首为四条游龙镂空雕刻，造型上将龙头与蔓草纹结合，游龙姿态优美飘逸。“U”字形门衔环尖收尾成球状，反向门面翘起。铁面上乳钉为梅花状，梅花五瓣象征五福，古有“梅开五福，竹报三多”之说，梅在冬天开花，独先天下而春，更增添了吉祥寓意。整体图案构思独特，赋予了铺首艺术的生命力。

图5-8 南院门楼蝙蝠纹饰铺首

图5-7和图5-8这两例铺首，铁片的四周均有蝙蝠镂空雕刻，蝙蝠的“蝠”与“福”、“富”同音，在我国传统文化中作为吉祥象征被广泛使用。图中用丰富的想象和大胆的变形将蝙蝠表现得舒展飘逸、风度翩翩，而铁面上的乳钉除了起固定还有装饰美化铁面的作用。图5-4这例铺首中，门闩右侧的柱头处压扁成寿桃状。图5-5南院这例铺首旁的矩形铁页饰品内，有镂空的盆栽松柏，图中蝙蝠与寿桃、松柏、如意相组合，有“福寿如意”之意。

图5-9 成家侍郎院卍字符镂空铁饰铺首

图5-9成家侍郎院这例铺首中，四周镂空雕刻着四个卍字，字符边缘以环绕齿轮收尾，动感十足。卍原为梵文，是佛祖胸前的吉祥标志，后被译为“吉祥海云相”，也是一种符咒和宗教标志，被认为是太阳或火的象征。唐大周长寿二年（693

图5-10 双喜镂空雕刻铺首

年），正式被作为汉字“万”使用。[1]此后卍常用于民居中的窗格、连廊、栏杆等装饰中，通常四端伸出、连续反复，形成各种连锁花纹，称为“万字流水”，意为绵长不断，用以祈盼福寿安康、子孙绵延、万寿无疆之意。

图5-10这例铺首中，四周有蔓草围绕的变体双喜镂空雕刻，寓意“开门见喜”、“双喜临门”。铁面上乳钉仿螺蛳壳，据《后汉书·礼仪志》记载：殷商人将水中螺蛳壳视作可使门户紧闭之物，且有避免灾祸、杜绝门外一切污秽的功能。后有考古学者于殷墟宫殿门下发现斋、戈、盾、贝等器物。由此推测，早期用螺、贝等水生物钉于门上，有辟邪之用。铺首旁如意边饰的圆形铁叶雕有“麒麟望月”图，寓意灵慧吉祥。

图5-11和图5-12为杜家大家主院的文武门神铺首。图5-11为文门神铺首，位于杜家大家主院院内屏门上；图5-12为武门神铺首，位于杜家大家主院通天大门楼上。文武门神成对出现暗示了宅主的财富和地位。推测该文武门神均为钟馗，因民间传说中钟馗为捉鬼之神，故常以其画像或雕刻作驱邪辟魔逐鬼之用。驱邪逐鬼，归根结底在于致福，因此，钟馗便也成为迎福、纳福的神人，民间有“钟馗引福”的说法。图中铺首，武钟馗身着武将官服，披挂甲胄，手执金鞭，形象威武；文钟馗则身着文官服，左侧文钟馗手持“赐福”文书，右侧文钟馗手持“赏官”文书。两铺首共同出现

图5-11 杜家大家主院的文门神铺首

图5-12 杜家大家主院的武门神铺首

1 唐·慧苑《新译大方广佛华严经音义》记载：“卍字本非是字，大周长寿二年主上权制此文，着于天枢，音之为万，谓吉祥万德之所集也。”

图5—13 成来根宅的矩形铺首

反映了宅主人希望子孙后代能够文武双全、人才辈出、官运财运亨通。

除了常见的“U”字形衔环圆形铺首外，村中还有其他形状的铺首。

图5—13这例矩形铺首位于成来根宅屏门上，这也是村中唯一一例矩形铺首。铁面上镂空刻三足宝鼎四座，左右对称。宝鼎圆肚部位有线刻“椒图”纹样，椒图为龙第九子，性好闭，故常立于门面铺首处守固门户。鼎本为古代一种金属烹饪器具，后来演化成记录旌表勋绩的礼器。中国被称为“钟鸣鼎食之邦”，宰相、三公一类高位被称为“鼎席”，重臣被称为“鼎臣”，鼎也成为寓义鼎盛吉祥之物。三鼎象征天地人，九鼎象征九州，鼎成为镇国之宝、传国重器，是国家主权版图的象征。在各种建筑装饰图案中，形状各异的鼎，意在祝颂国家基业兴盛、昌盛发达。成来根宅屏门铺首上的鼎，可以理解为希望家业稳固、兴旺发达之意。

图5—14 成发昌宅的十字形刻花铺首

村中还有一例十字形铺首，位于成发昌宅内（图5—14）。铺首安装于正房槅扇门上，上面雕有各种花纹，主要用于加固门扇，兼有装饰屋门的作用。这例铺首衔多边形如意门环，上面镂空刻有铜钱纹和卍字纹，钱纹是财富和富贵的象征，卍字纹意集万物吉祥之德、表万事大吉之意。此处钱纹、卍纹与如意纹同时出现，寓意“富贵绵长、万事如意”。

多姿多彩的铺首装饰丰富了西黄石古村大门的立面，还表达了多种不同的意念、追求和价值观，西黄石百姓祈福纳祥的美好心愿，均凝聚在这有形、有声、有意的铺首中。

二、影壁

影壁有多种功能。首先，可以起到屏蔽作用，一来用于遮蔽外面张望的目光，增加内宅的私密性，二来也可挡住院内不整齐的景观，增加建筑外观的整齐美观性。其次，影壁还有分隔院落空间、增加院落层次感，阻止大风长驱直入的作用。第三，影壁还可

图5-15 李家院门外影壁

以祈福避祸、改善风水，民间有“影壁对门、邪气难入”的说法。第四，多姿多彩的影壁装饰，还可以美化居住环境，展示宅主理想抱负，教化后人，同时也有很高的民俗文化价值和艺术审美价值。

西黄石古村影壁位置多样，有正对院门的门外影壁（图5-15、图5-16）；有正对宅门的院内影壁（图5-17）；也有的在院子中央与垂花门结合形成插屏式影壁，用于分隔院落空间（如杜家大院主院）；有的干脆填充了角楼的位置（图5-18）。

西黄石古村影壁均为“一”字形，总体造型大同小异，分上中下三段，壁顶皆有屋脊，各个影壁的不同之处在于其壁身雕饰内容、壁座形式以及从壁顶到壁身过渡方式的不同。

图5-19杜家九字院这例影壁为门外影壁，正对九字院通天大门楼，等级较高。壁顶上部脊饰为近代重修，与普通墙檐部分相同，顶上覆瓦面做硬山式，壁顶檐下先做一排出头椽子，椽子出挑较深，再在椽下添加仿木构斗栱、额枋和垂柱头砖雕装饰。惜该影壁在“文革”时期遭到破坏，难觅其原有的精美与华丽。壁心大部为龟背纹，砖雕装

图5-16 成发昌宅门外影壁

图5-17 村中某院内影壁

图5-18 李家院院内影壁

饰主要集中在盒子[1]和岔角[2]。盒子处为一个行楷大“福”字，字体浑厚有力，气势宏大。上部岔角雕刻飞龙一对，惜毁坏严重，下部岔角为卷草龙一对，与上部呼应，龙身如卷草盘旋亦有大小分支。壁座为普通房基石，不做雕饰。

图5-20杜家小十字院这例门外影壁正对小十字院门楼，造型同九字院大影壁。硬山式壁顶，脊饰两头雕有脊兽鸱吻，脊心有砖雕牡丹一朵，叶瓣伸展，枝繁叶茂。檐下椽子出挑浅短使得檐口更为深远，檐下斗栱横栱部位雕刻成牡丹叶形，耍头已遭破坏，枋部雕刻硕大牡丹，与斗栱砖雕呼应（图5-21）。壁心上梁枋雕饰多已剥落无存。壁心为素面龟背纹，盒子和岔角无雕饰，反在

图5-19 九字院门外影壁

图5-20 小十字院门外影壁

1 影壁壁心的中部俗称“盒子”。
2 影壁壁心的四个角俗称“岔角”。

壁座与壁心相交处做条状相对卷草龙透雕，雕刻凸出于壁面，弥补了壁座仅为素面房基石过于简单的不足。出挑的壁顶檐口与壁座上身上下呼应，增加了影壁的立体感。

成雍富宅这例影壁为正对宅门的院内影壁，正反两面大小雕刻均不相同。该影壁正对大门的南面一侧有一半嵌入东厢房南山墙，整体结构略显细长（图5-22）。壁顶为硬山覆瓦屋顶，屋脊左右两端不用脊兽收尾，而采用了一致的蔓草雕饰脊砖，只在左右两砖上部做犄角状上翘。檐下椽头出挑较少，檐口显得较为深远。壁顶下过渡部分做斗栱出挑二踩，破坏较为严重。斗栱下横枋柱头上雕有喜字，心部则是菱形卍字纹雕刻，额枋心部雕刻为双龙拱寿图样，左右为凤戏牡丹镂雕（图5-23），寿石、凤凰、牡丹组合成类三角的稳定构图（图5-24），与临近的上岔角在形态上前后呼应，寿石多肉、凤凰多羽、牡丹多瓣，愈发显得构图丰满、雕刻细致。立壁柱外侧花牙子做卷草雕刻，姿态舒展。壁心左右为两根落地立壁

图5-21 小十字院门外影壁砖雕装饰

图5-22 成雍富宅院内南侧面影壁

图5-23 成雍富宅院内影壁南面砖雕装饰

图5-24 成雍富宅院内影壁南面壁心额枋砖雕装饰

柱，柱头顶着壁顶，下部壁心、壁座都包在立柱之内，壁心部位为四边形龟背纹，有盒子与岔角砖雕装饰，可惜盒子砖雕已经毁坏。上部岔角有仙鹤飞天一对、下部岔角为麒麟回首一双（图5-25），不管是展翅还是回首都较好地迎合了岔角等边三角形的构图框架，麒麟腹部肥圆，形态憨厚，十分讨人喜爱。壁座为须弥座式，上枋收腰，几腿座各部分完整，莲座部分雕刻层次众多，增加了影壁的立体感。

图5-26成雍富宅这例院内影壁背对大门的北侧一面面积较小，为村中发现最小的影壁。其紧靠东厢房，仅有南面影壁一半大，高度也仅为南面影壁的三分之二。整个影壁坐在几腿式壁座上，壁座以莲台雕刻垫布作过渡，左右两边立柱围绕壁心，壁心为六边形龟背纹，无盒子岔角装饰，壁心与壁顶过渡部位比例有些失调，雀替、斗栱体积较大但雕刻较为粗糙，壁顶檐下椽头粗大，壁顶覆瓦面几近平行于地面，脊部装饰仅为竖丁

图5—25 成雍富宅院内影壁南面岔角砖雕装饰

图5—26 成雍富宅院内北侧面影壁

图5—27 村中某成家院院内影壁

图5—28 村中某成家院院内影壁盒子“福”字砖雕

图5—29 村中某成家院院内影壁拱门

图5-30 村中某成家院院内影壁拱门上砖雕匾额

素砖。

图5-27这例大影壁发现于村中某成家院内，也是西黄石古村现存最大的一块影壁。影壁形成一面完整的隔墙，有三人高，两侧各有一扇瘦长拱门。影壁整体布局规整，比例匀称，装饰较为简单朴素，重点突出了其隔墙的性质。硬山式两坡顶，脊饰点缀出现在脊心和两端，两端吻兽已被破坏。脊心雕刻菊花一朵，构图基本对称，菊花叶瓣弯卷伸展，虽然装饰面积很小，但有向左右两侧延伸之势。壁顶檐下做椽子出挑，椽下收两皮砖线过渡。壁心大部为素面龟背纹[1]。壁心当心雕有硕大“福”字行草，笔锋不加修饰，粗犷豪放，在大面积素面龟背纹的映衬下十分夺目（图5-28）。壁座为素面房基石。影壁两侧拱门左右对称（图5-29），高宽仅容一人通过，据宅主介绍拱门后旱厕由来已久，据此推测该影壁应有分割院内空间的作用。值得一提的是，拱门上各有砖雕匾额一块，回纹掐边勾框，题有行楷“安其”、“吉号”二词（图5-30），字迹圆润轻盈，与盒子“福”字形成强烈的反差和对比。

三、墀头

硬山屋顶的房屋，山墙两端檐柱以外的部分称为墀头，俗称腿子，又称墀头墙。墀头分成上中下三部分，上为盘头，中为上身，下为下碱。按清式营造规则，装饰多集中在盘头部分。盘头也分上下两段，下段用砖层层外挑，上段为一块斜置戗檐板，雕刻多见于其

1 以八角、六角、四角几何图形为基调的装饰图案，多称为“龟锦纹”或“龟背纹”。因龟常常是长寿的象征，用龟背纹作装饰图案，有希冀健康长寿之寓意。

图5-31 村中仅作简单装饰的墀头

图5-32 村中添加须弥座装饰的墀头

图5-33 九字院“麒麟回首”墀头装饰纹样

垂直面上，戗檐板下端放在出挑的砖上，上端搭在檐下连檐木上。

从房屋正面看，除了大面积的门窗外，能见到的装饰只有两边的墀头。所以尽管它面积不大，位置和地位却很重要，成为古建筑装饰的重点部位。

西黄石村的传统民居中，有的墀头做法较为简单，仅在上身与盘头连接处及檐口下方作简单装饰（图5-31）。而有的则并不满足局限于盘头这一小块地方，而将盘头向下延伸，使得装饰部位进一步扩大，这样就将装饰的重点放在了其下添加的须弥座或博古架上（图5-32）。西黄石民居的墀头装饰则更多地采用了盘头下添加须弥座的形式，砖雕大体分上、中、下三部分，最下是几腿座，常雕以几腿、卷草、绶带等纹样；中间部分为主体，常雕动物、花卉等；上部常以如意、莲瓣收顶，简单抽象。整体雕刻从上到下由粗浅至精细，合乎人们的视觉习惯。这里的须弥座外形并不严格按照三段式的收分，而保持了墙角棱线的延伸性，很好地起到了墙身过渡作用。

西黄石古村墀头装饰图案以动物居多，如图5-33九字院这两例麒麟回首砖雕，虽然麒麟外形较为抽象，但其龙首、麋身、牛尾、马蹄（一说为狼蹄）、鱼鳞的外部形态莫不细致

图5—34 李家院“麒麟回首”墀头装饰纹样

入微，鳞甲片片，毛发可鉴，与其下几腿相结合，使得墀头整体动感十足。

图5—34李家院门楼上的这两例麒麟回首墀头，采用了高浮雕的做法，须弥座有了收分和束腰且比例大致均等，惟装饰面积偏小，使麒麟少了些威猛之气。

图5—35 九五福院“好事不断”狮子墀头装饰纹样

西黄石的村民们对狮子似乎情有独钟，从柱础到墀头，狮子的造型随处可见，承载了西黄石村民的美好愿望。如图5—35中这例口含长绳的狮子，采用高浮雕做法，头大爪利、身体圆润，前腿爬地、后腿用力后蹬，像是随时准备前扑，精神十足。狮子口含一条长绳，寓示“好事不断”。整体造型生动形象，线条流畅，动感极强。

图5—36李家院两厢上这四例狮子高浮砖雕虽然体积不大但却生动传神，狮子姿势全为俯卧但神态各异，仰视的三例昂首挺胸、英气十足，俯视的一例则弓背蜷腰，略显倦怠。这四例狮子图案与图5—34的两例麒麟图案同时出现在一座院落中，使得该院的墀头图案有明显的连贯性和统一性。

马是一种气质豪迈、品格高贵的动物，深受民众喜爱，频频出现在西黄石村的各种装

图5-36 李家院两厢上狮子纹饰墀头

饰图案中。如九字院这例“飞马流云”砖雕（图5-37），采用平雕和线刻相结合，飞马体态丰满，颔首举蹄，款步而行，身边祥云海浪环绕，气氛悠闲舒适，整体构图颇有几分年画的装饰意味。而月喜院这例“海马流云”墀头（图5-38）则气氛完全不同，图中飞马剽悍有力，姿态翘尾回首、奔腾如飞，周身卷浪、飞云穿插，表现出一种天马行空、志在千里的气势，寓意事业蒸蒸日上。

惠迪吉大门两侧的墀头砖雕装饰图案也以马为主要题材（图5-39），图中走马回首，四周祥云环绕。马作为民间吉祥物，一个重要原因是它还有马上封侯、马到成功之意。这些均表达了民众希望能高官厚禄、事业成功的美好愿望。

鹿在古代亦被视为祥瑞之兽，“鹿”不仅与“禄”谐音，寓意福禄、俸禄，还与“路”谐音，寓意路路畅通。如图5-40凝秀远院正房两例墀头装饰中均为两鹿玩闹嬉戏，

图5-37 九字院“飞马流云”墀头装饰

图5-38 月喜院“海马流云”墀头装饰

图5-39 惠迪吉院马纹样墀头装饰

周边配以松木等作为点缀，暗喻路路顺利、四通八达。

羊属性温和，为六畜之一，“羊”与“祥”通假，西汉大儒董仲舒有云：“羊，祥也，故吉礼用之。”《汉书·南越志》记：“尉佗之时，有五色羊，以为瑞。”可见，羊也是民间常用的吉祥图案之一。图5-41九五福院这例“羊衔灵芝”装饰图案中，羊昂头回首，形体清瘦有力，一股孤傲之气油然而生，整体雕刻简洁有力。图5-42李家院这例墀头雕刻采用了高浮雕加圆雕的手法，使羊不仅显得形体圆润活泼可爱，更有一种呼之欲出的

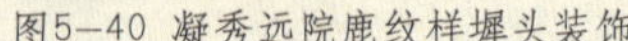
图5-40 凝秀远院鹿纹样墀头装饰

生动感。

村中也不乏仙鹤造型的墀头装饰。仙鹤羽色素朴纯洁、体态飘逸雅致、鸣声超凡不俗，在《诗经·鹤鸣》中就有“鹤鸣于九皋，声闻于野”的传神描述。而仙鹤在我国传统文化中常常被看作是高雅、长寿的象征。图5—43九五福院倒座这两例高浮雕墀头图案中，仙鹤口含丹珠，双爪收起而羽翼完全展开，造型轻盈灵动，身下流云相伴，与装饰了竹柱、莲瓣、回文几腿的须弥座结合，呈现出一派空降灵鹤、赐人予福的景象。

图5—41 九五福院羊纹样墀头装饰

图5—42 李家院羊墀头雕刻

图5—43 九五福院倒座仙鹤纹样墀头雕刻

李家院门楼北立面的这两例仙鹤姿势翩翩、体态优雅，与左右两侧寿石、兰草花木结合，虽装饰面积较小但却雅致传神（图5—44）。

图5—44 李家院门楼北立面的仙鹤纹样墀头雕刻

图5—45中成满昌宅的这例仙鹤墀头无论从装饰部位还是从雕刻形态上来看，都是村中独一无二的。整个墀头的盘头部分大大突出墙面但也不做几何过渡，形态上形成一个完整的S形曲线，弧度优美。在曲面向下外凸的部分上做了仙鹤矗立的浮雕装饰，装饰部位角度适宜，使人略微仰头便能观赏，

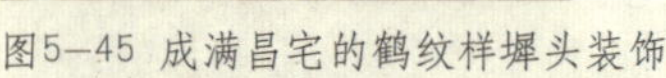

图5-45 戍满昌宅的鹤纹样墀头装饰

也弥补了整体上没有几何过渡的缺憾。砖雕仙鹤、祥云造型简洁、刀法质朴有力，装饰感很强。

蝙蝠非禽非兽，但在我国传统文化里，因“蝠”、“福”同音，因此常常被看作是吉祥福气的象征，广泛用于各种建筑装饰中。蝙蝠习惯倒悬而眠，象征着“福到”。图5-46为西黄石古村内月喜院中的两例墀头，墀头上各有一幅蝙蝠阳刻砖雕，图案中的蝙蝠头圆肚大、肉翅舒展，周身祥云环绕，传达了“天降鸿福”的美好寓意，其圆润可爱的形象更增加了喜庆的氛围，起到了很好的装饰作用。

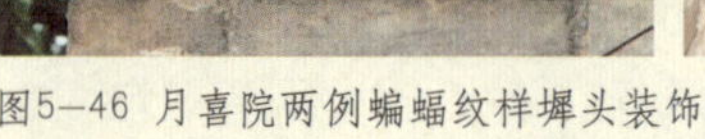

图5-46 月喜院两例蝙蝠纹样墀头装饰

除了动物纹样墀头外，村中也有以植物花卉、吉祥文字等为主体的墀头图案。如月喜院倒座上这例墀头（图5-47）以莲叶莲花图案为主体，寓意“一品清廉”，构图均衡饱满。而月喜院正房上这例则是古体寿字纹样装饰的墀头（图5-48），构图简洁大方。

图5—47 月喜院莲花纹样墀头装饰

图5—48 月喜院寿字纹样墀头装饰

四、柱础

柱础在中国古建筑中又称为柱顶石，俗称磉盘或柱础石，它是承受屋柱压力的垫基石，凡是木架结构的房屋，可谓柱柱皆有，缺一不可。一直以来，柱与柱础对整座建筑既起到支撑功能，又有美化的作用。柱础主要的功用，其一是增大受力面积，将柱身集中的荷载分布于地上较大的面积，缓解木柱因受力而下沉的速度；其二是防潮，石柱础高出地面，可使木质柱脚免于腐蚀或碰损。柱础是我国古代建筑中不可或缺的一个重要组成部分，在满足功能需要的同时，也为历代的能工巧匠提供了另外一个可以挥毫泼墨的场地。西黄石古村的柱础式样较多，常见的有四方式、束腰式、圆弧四方式以及角柱础等。这些柱础虽变化极为丰富，但都带有浓厚的地方特色。

1.兽形柱础

兽形柱础兼容了单体柱础的精美和镇宅瑞兽的气势，这种柱础不仅在外观造型上让

图5-49 三官庙正殿檐柱下兽形柱础

人耳目一新，并且具有深层次的象征与内涵。如三官庙的这四例兽形柱础（图5-49），均由单块石头雕刻而成，整体风貌完整统一，一眼望去十分震撼。柱础均为瑞兽身驮莲台，莲台上托方形石柱。瑞兽有麒麟有猛狮，均四足撑地、昂首朝天，但形态各异：猛狮鬃毛成圆圈状并仰天长啸；麒麟鬃毛飘荡，面目凶狠、龇牙瞪眼。无论何种姿态，它们都生动活泼、威风凛凛，似乎在表示其有能够镇服一切妖魔鬼怪并护佑平安的强大神力，也表达了西黄石人民希望在神兽的镇守下庙宇能基石稳固、村落能平安兴旺的美好心愿。瑞兽和柱础的结合不仅提高了柱础在建筑中的地位，也给房屋的立面造型添加了丰富的层次，并且从一个侧面反映了房屋的等级、地位和重要性。

2.四方柱础

图5-50 三官庙正殿某金柱下四方柱础

西黄石古村的四方柱础多见于等级较高的公共建筑，如玉皇庙、祖师庙、义和堂等。这些柱础的基态为普通的四方形原石柱础，采用了高浮雕或高浮雕加圆雕的手法，四方石大多成为几腿式（图5-50）。与几腿座式柱础的不同在于其没有上下枋与收腰等，无法呈现体态上的收分变化，而是单纯的几腿式或几腿加垫布式，体态完整单纯，这样的柱础大多长宽大于或等于高度，在形态上有偏于笨重呆板的趋势，但在村中能工巧匠的精心雕琢下，它们不仅浑厚有力且动感十足。

玉皇庙正殿外檐下的两枚柱础（图5-51）

几腿上部被雕成狮头，鬃毛成团，双目圆瞪、狮口大开。几腿为外凸弧线形，下部呈爪状，使人感受到雄狮撑起立柱的力度。四面几腿夹心部位均雕刻了不同的瑞兽高浮雕，有常见的幼狮戏球，还有千岁寿鹿以及十二生肖动物玉兔灵猴等，它们多姿态活泼、温顺可爱。柱础整体饱满有力，造型豪放舒张。或许是玉皇庙建造年代较早，雕刻手法显得有些生涩，而且可能受限于石材的大小和资质，两枚柱础正面矮胖、侧面规正，且造型上也略有左右失衡的感觉，但与庙宇的朱红立柱搭配起来，却丝毫不失大气张扬之势。

图5-51 玉皇庙正殿四方柱础

义和堂第二进院过厅与东西厢房外檐下的六枚柱础（图5-52），其形态与雕刻手法与玉皇庙正殿外檐下的两枚柱础极其相似，但相较于修建年代较早的玉皇庙，清道光年间修建的义和堂的六枚柱础则手法更为纯熟、技艺更为高超。六枚柱础大小高宽大体相等，除去细微之处雕饰内容不同外，二十四个面几腿部分几乎完全相同。几腿上部狮头雕刻较玉皇庙则额部扩大隆起突出，鼻部上翘更多、牙口减小且更为精细繁缛，整体看上去显得更为温顺可爱，缺少了先前强悍饱满的感觉，这些都体现了清代石雕艺术的风格。几腿夹心处与玉皇庙两例相同，也为形态不同的辟邪瑞兽，麒麟幼狮骏马灵猴吴牛玉兔，各个低眉颔首显得沉静稳重。六枚柱础成为一组，十分规整，整体感强烈，雕刻手法虽多柔软却也不失力量感。

图5-52 义和堂过厅与东西厢房四方柱础

3.圆弧形四方柱础

圆弧形四方柱础是四方柱础的变形，是在四方柱础原本垂直的四个面上做圆弧形处理。

成家侍郎院门楼下的两枚柱础即为圆弧形四方柱础，其形态在原本四方形尖锐直角处内凹形成两股圆润抹角，使得柱础四面各不相同却又不失整体性。而原本的垂直面腰部收成内凹弧面，使得整体形态平滑圆润，远望如磐石做基、稳固泰然。为了保持柱础的完整性，仅在表面做线刻装饰，顶部做阴刻倒置莲瓣，底部用阴刻条状回纹收边，主体装饰集中在内凹的弧形表面，东西南北四面各成一幅完整的图画。

成家侍郎院门楼下西侧柱础的东侧柱面（图5-53），主体装饰图案由一圆框组成，框内中间为瑞鸟，左右两侧分别为茂竹与寿石，竹音同“祝”字，配上瑞鸟和寿石，凑成“三”数来表达“华封三祝”的含义，祈求多福、多子、多寿。

图5-53 成家侍郎院门楼下西侧圆弧形四方柱础东侧面

图5-54 成家侍郎院门楼下东侧圆弧形四方柱础西侧面

图5-55 成家侍郎院门楼下东侧圆弧形四方柱础东侧面

成家侍郎院门楼下东侧柱础的西侧柱面（图5-54），主体图案也为圆框形，框内为开满团状桂花的桂树，画面的中央、桂树枝头有两只白头翁，它们俯身对首、互相依偎。图案表达了希望夫妻白头偕老、家庭美满和睦、家族富贵吉祥的美好祝愿。该柱础东侧柱面（图5-55）的主体图案为两侧双龙托起一个梅花纹宝瓶，瓶内插有一牡丹、一竹笛、一拂尘，宝瓶后有两平行卷轴。瓶谐音“平”，喻平安，牡丹代表富贵，竹笛挂流苏意指万物滋润，拂尘意指超凡脱俗，卷轴上带龙鳞纹样，系有盘长绳节，意指皇钦诏书，暗喻家门高贵。整体图案表达了希望家人平安、家门高贵的美好愿望。图中四周龙纹与中心图样形成对比，突出了具有写实意味又富有吉祥寓意的瓶花笛等器物，主次有序，结构严谨，增加了柱础的和谐与美感。北侧柱面（图5-56）主体图案为博古图，其内容丰富，有鼎彝钟磬、瓷瓶玉件、文房四宝等各种器物，种类繁多，给人以古色古香之感。该图案构图合理，物品虽多却不显零乱，大小、穿插对比、比例尺度等均十分恰当，点缀得恰到好处，整体图案更加和谐，装饰效果浓厚。南侧柱面图

图5-56 成家侍郎院门楼下东侧圆弧形四方柱础北侧面

图5-57 成家侍郎院门楼下东侧圆弧形四方柱础南侧面

案（图5-57）引用“初唐四杰”之一王勃《散关晨度》中的诗句“关山凌旦开，石路无尘埃。白马高谭去，青牛真气来”。柱础图案书画结合，虚实相生，人物与动物动感十足，充满张力，背景山水远近结合，体现了古时晋地的美好风光和劳动人民的生产生活。

4.束腰式四方柱础

与传统的束腰式柱础上枋石、中束腰、下枋石成三等分的形式不同，西黄石的束腰式四方柱础（图5-58）独具特色，通常将中束腰高度减小、内收增加，有些柱础则将中束腰完全隐藏于上枋石的阴影下，将下枋石放大到占其整体的二分之一多，整体形状多为圆弧形方石，常常处理为覆盆或几腿座的形状。

图5-59杜家大家主院屏门下的这例柱础是村中最为常见的束腰式四方柱础，中部束腰缩小几乎完全消隐于上枋阴影中，使得原本规制厚重的柱础顿时轻盈了许多。下枋石做覆盆状，腰部呈弧线形，体态宽扁，装饰集中在顶部与底部，上面部的转换处抹圆角做如意纹样，中部收腰处多延续上枋的几何纹样，可看作是如意杆部，增加了下枋石竖向的力量感，下部收尾形成莲瓣状，整体造型简洁大方，加强了柱础的整体感和力量感。

束腰式四方柱础的装饰主要集中在上枋石的四个垂直面。在各个垂直面上，大多都有一幅阴刻的图画，且内容互不重复。这些雕刻或活泼俏丽，或秀丽雅致，或精美绝伦，或简洁大方，大大提高了柱础的装饰效果。

图5-58 王家院正房檐柱下束腰式四方柱础

图5-59 杜家大家主院屏门下束腰式四方柱础

如杜家文魁院正房外檐的这四枚柱础，其中檐柱下两枚为四方形（图5-60），金柱下两枚为六角形（图5-61）。这四枚柱础均为圆弧形，下枋石做如意雕饰，柱础整体用覆盆形成收腰态势，覆盆上压浅雕蔓草小枕石，而所有的这些形态变化均是为了衬托雕刻精美的上枋石。上枋石画面垂直于地面，雕刻细腻，装饰精美，柱础有收有放，既生动了建筑立面，也表现出受力结构上的力量感和坚实感。其中，外檐部檐柱下的两枚四方式柱础，其上枋石东西两侧面共四个柱面的四组图案均为鸟兽花卉，而南北两侧面共四个柱面的四组图案均为山水人物或是字画篆刻。每组图案自成一体，相互呼应，整体感很强。

图5-60 杜家大院文魁院正房外檐部檐柱下两枚束腰式四方柱础

图5-61 杜家大院文魁院正房外檐部金柱下两枚束腰式六角形柱础

杜家文魁院正房外檐部西侧的一枚四方式柱础，上枋石的东侧柱面上，雕有“凤戏牡丹”图（图5-62），画面中有丹凤栖于繁茂的牡丹枝头翘首远望，凤凰翎羽翩翩，气质傲然华贵，牡丹枝繁叶茂，盛开瓣叶片片，整体构图疏密得当，中心图案突出。其西侧柱面上，为“榴开百子”图（图5-63），图案的中心，硕大饱满的葡萄串挂满枝头，葡萄茎叶舒展、脉络清晰，表达了希望子孙繁盛、万代长春的美好愿望。整体构图均匀得当、不偏不倚。

正房外檐部东侧的一枚四方式柱础，上枋石的东侧柱面上（图5-64），麦穗、雏菊充满了整个图面，推测为明清时代盛行的“满地娇”装饰纹样，亦称“遍地杂花”，寓意欣欣向荣。图案雕刻细致，画中植物叶脉清晰、穗粒饱满，呈现出一派茂盛欢愉的

图5-62 杜家大院文魁院正房外檐部西侧束腰式四方式柱础上枋东面雕刻

图5-63 杜家大院文魁院正房外檐部西侧束腰式四方式柱础上枋西面雕刻

图5-64 杜家大院文魁院正房外檐部东侧束腰式四方式柱础上枋东面雕刻拓片

图5-65 杜家大院文魁院正房外檐部东侧束腰式四方式柱础上枋西面雕刻拓片

图5-66 杜家大院文魁院正房外檐部两枚束腰式四方柱础上枋南北两侧雕刻拓片

生长之势。其西侧柱面上（图5-65），刻有两枝三簇绣球花，绣球从画面上部偏左出枝，一分两股，其中一股仅有一簇花瓣，花叶肥大；另一股分为两簇，紧凑交错，绣球花朵微小繁密成球，花势喜人，枝叶伸展刚劲有力，寓意圆圆满满、家族团结兴旺。画面没有呆笨教条的左右对称却显示出另一种制衡的美感。

杜家文魁院正房外檐部的东西两枚四方式柱础，上枋石的南北两侧共四个柱面上（图5-66），或雕刻山水景观，或雕刻名人轶事，或是字画篆刻结合，从另一个侧面体现了杜家文魁院主人“山水有精神”的人文主义情愫。这些雕刻中，人物、动作各不相同，却都悠闲安详，构图均以近景平铺画面底部，上部远山仅作少许点缀以示远近，有两幅在留白处还配以落款和印章，画面下紧上松，景致错落，细致入微。在雕刻手法上

图5–67 杜家大院文魁院正房外檐部束腰式六角形柱础上枋雕刻拓片

以浅浮雕和阴线刻相结合，刀法细腻娴熟，画面虽小却意趣深远，极富装饰性。

杜家文魁院正房外檐部金柱下的两枚六角形柱础，上枋石共有十二个柱面，但现仅有八个柱面上的图案清晰可见，分别雕有八种不同的植物，有菊花、兰草、腊梅、蟠桃、玉兰、海棠、刺玫等生活中喜闻乐见的草木花卉（图5-67），反映了西黄石古村装饰艺术的乡土性，生活气息浓厚。

5.方形几腿座式柱础

方形几腿座式柱础在西黄石古村中最为普遍，从寺庙建筑到深宅大院随处可见。这种柱础大多为三段式，比例适当，体态厚实。上枋石为四方矩形，中部收腰也成三段式收放自然，下部为几腿座形，四棱几腿多做爪形或流云形，既起到了抹角保护的作用，又装饰了柱础棱线部位，使整体多了几分流畅的感觉。下枋四面中心部位常做阴刻或浮雕装饰。

杜家书房院门楼下的这例柱础（图5-68），上枋用四方石做浅雕装饰，中心图案为孔雀展翅。我国古代认为孔雀有九德：一为颜貌端正，二为声音清脆，三为行步翔序，四为知时而作，五为饮食知节，六为常念知足，七为不分散，八为不淫，九为知反复。因此常用孔雀代表文明修养，也有指代高官之意。此处的孔雀并未采用常见的静态翘首之姿，而是呈现奔跑动作。孔雀位于画面中心偏右，羽翼大张，双爪弯曲，疾驰于牡丹丛中，尾羽似开非开，姿势甚为可笑，却另有一番欢天喜地的生活气息。下枋腿座心部位为二龙戏珠，夔龙浅浮雕左右大致对称，形如祥云滚滚，图案中心为高浮雕太阳，日焰形如菊花盛开。几腿座整体深浅对比强烈，立体感十足。

图5-68 杜家书房院门楼下方形几腿座式柱础

图5-69杜家书房院正房外檐部南侧的这例柱础，上枋为山水人物，隐约可见平地上两个孩童骑于牛背嬉笑的场景。下枋当心部位为拐子龙纹围绕圆盘的浅浮雕，圆盘中有诗词一首，但因岁月久远难考其内容。值得一提的是此例柱础上

图5-69 杜家书房院正房外檐部南侧方形几腿座式柱础

图5-70 杜家书房院正房外檐部北侧方形几腿座式柱础

图5-71 成发荣宅倒座外檐部东侧第一根檐柱下方形几腿座式柱础北侧面

枋、束腰、几腿形下枋比例大致为5：3：8，符合黄金分割比例[5]，收分得当、形态端庄典雅，使其既不会显得矮胖粗笨，也不会因显得过于轻巧而使得整体受力结构头重脚轻。

在西黄石古村中，几腿座式柱础上枋部分常常雕刻有脍炙人口的唐诗，多为五言绝句，这种做法不仅可起到装饰作用，还可陶冶文学情操和展示书法艺术价值，展现出我国古代工匠高超的技艺和深厚的文化修养。

如图5-70所示，杜家书房院正房外檐部北侧的这例柱础，上枋石为唐朝诗人张均的五言绝句《岳阳晚景》："晚景寒鸦集，秋风旅雁归。水光浮日出，霞彩映江飞。洲白芦花吐，园红柿叶稀。长沙卑湿地，九月未成衣。" 行草笔法飘逸流畅，气势宏大，构成强烈的力感和动荡的气势，诗词内容与下部几腿座装饰略有呼应。下枋腿座心部为左右对称的拐子龙托起当心圆盘，圆盘内中心为盛开的莲花和茂盛的莲叶，左侧上部有一只鸭子栖于芦苇草上扭头向莲蓬。"鸭"与"甲"谐音，故以"鸭"寓意科考之甲，鸭子扭头向莲蓬则表达了主人虽然人在官场但依旧保持"出淤泥而不染"的高尚情操。

成发荣宅倒座外檐部檐柱下的四例柱础结构装饰大体相同。上枋石中心部位均浅雕正楷唐诗，下枋当心部位均为"双龙逐日"浮雕，日居中央，周边三瓣祥云三层叠加，突出了太阳的中心地位。双龙左右大体对称，均仰头向日，龙爪伸张有力，尾部舒展，活泼生动。东侧第一根檐柱下柱础北侧面（图5-71）的上枋浅雕有初唐四杰之一卢照邻的《曲池荷》："浮香绕曲岸，圆影覆华池。常恐秋风早，飘零君不知。"字迹纤细

5 黄金分割是指事物各部分间一定的数学比例关系，0.618被公认为最能引起人们美感的比例，因此被称为黄金分割比例。

图5-72 成发荣宅倒座外檐部东侧第二根檐柱下方形几腿座式柱础北侧面

图5-73 成发荣宅倒座外檐部西侧第二根檐柱下方形几腿座式柱础北侧面

图5-74 成发荣宅倒座外檐部西侧第一根檐柱下方形几腿座式柱础北侧面

图5-75 成发荣宅倒座外檐部金柱下方形几腿座式柱础

清秀，似有诗情流淌其中。东侧第二根檐柱下柱础北侧面（图5-72）的上枋浅雕有诗仙李白的五言绝句《玉阶怨》："玉阶生白露，夜久侵罗袜。却下水晶帘，玲珑望秋月。"雕镌有力，字迹秀丽，诗词周边有卍字长脚纹线雕衬托，整体感觉朴素高雅。西侧第二根檐柱下柱础北侧面（图5-73）的上枋部位雕刻有诗佛王维脍炙人口的五言绝句《竹里馆》："独坐幽篁里，弹琴复长啸。深林人不知，明月来相照。"诗歌格调幽静闲远，小楷雕刻清新雅致却又刀刀有力，与诗歌呼应共鸣。西侧第一根檐柱下柱础北侧面（图5-74）的上枋雕刻有诗佛王维的另一首耳熟能详的五言绝句《杂咏》："已见寒梅发，复闻啼鸟声。心心视春草，畏向玉阶生。"该柱础在诗歌周边装饰有藏头露尾拐子龙线雕，整体更显庄重大方。

图5-75成发荣宅倒座西山墙金柱下的这例柱础，上枋石用蝇头小楷刻有唐朝诗人朱放的五言绝句《题竹林寺》："岁月人间促，烟霞此地多。殷勤竹林寺，更得几回过。"字迹匀称流丽，布局端庄平稳。下枋腿座心部为一幼狮戏耍绣球的高浮雕，狮子背部着地，四肢挥舞，体态圆润，俏皮可爱，周身装饰如意盘长，动势十足，展现了一派喜庆祥和的气氛。

五、门额、窗台、门墩

西黄石村的民居建筑以砖石结构为主，其建造方式以及结构与我国的木构建筑大同小异，只是以砖石墙体实现其空间围合，以窗台和门额等来支撑门窗处的竖向荷载，这些部位往往采用大块完整的条石来保证门窗洞口的结构稳定性。也许是觉得素面条石过于平淡，西黄石的村民们便在门额窗台等部位也加入了各种装饰图案，这些装饰多采用高浮雕的方式，使得原本光洁素净的条石表面，远看光影纷繁、凹凸有致，近看栩栩如生、玲珑秀丽。这些装饰图案基本遵循着“有图必有意，有意必吉祥”的传统民居装饰理念。

图5–76成雍富宅耳房的这例门额上雕刻有“福禄财门”字样，起到了类似匾额的作用，表达了宅主希望出门沐浴福泽、财源广进的心愿。

在晋城地区以高浮雕装饰窗台的做法较为普遍，但在西黄石村中我们仅发现有一户人家的窗台（图5–77）采用此种做法，院名已不可考。该宅院一层的正房与东西厢房、倒座房共有六户，六户窗台均以高浮雕装饰，每户窗台可分割为三组图样不同的画面，大体呈中间图案较大，两侧图案较小，而整体图案动势向心的趋势。这六户窗台图样各不相同，但大多保持了中心图案以鸟兽人物为主而两侧图案以动植物为主的规律。雕刻手法较为古朴粗犷，细看浮雕也许并不精致，但其笨拙可爱的表现方式依旧很好地装饰了墙面，反映了西黄石古村淳朴的民风。

图5–78为该宅院正房东侧一户的窗台图案，最左侧为一只锦鸡扭头欣赏盛开的鸡冠花，寓意为“官（冠）上加官（冠）”；中心为左麒麟右凤凰两瑞对望，意指“麒凤呈祥”；最右侧上部为串串葡萄满挂枝头，下部有两只松鼠在攀爬葡枝，意指“葡松万代”，

图5–77 村中某院倒座房东侧木格窗与窗台雕饰

图5–76 成雍富宅耳房门额装饰

图5-78 村中某宅院正房东侧窗台雕刻

图5-79 村中某宅院正房西侧窗台雕刻

图5-80 村中某宅院西厢房北侧窗台雕刻

图5-81 村中某宅院西厢房南侧窗台雕刻

图5-82 村中某宅院倒座房西侧窗台雕刻

图5-83 村中某宅院倒座房东侧窗台雕刻

反应了主人希望子孙绵绵，家族兴旺的美好心愿。

图5-79为该宅院正房西侧一户的窗台图案，左侧为“葡松万代”，中心为“麒凤呈祥”，右侧为彩凤栖息于盛开的牡丹花旁，意为“凤戏（栖）牡丹”。凤凰为瑞兽中四灵之一，是吉祥如意的代表，牡丹为花中之王，代表着大富大贵，凤戏牡丹更是吉祥富贵的象征。

图5-80为该宅院西厢房北侧一户的窗台图案，左侧由仙鹤、莲花组合，呈现出“仙鹤绕莲飞、和合出灵韵”的景象。仙鹤也叫“鹭鸟”，在我国传统观念里是健康长寿的代表，也是福禄康寿、招财纳福、富贵吉祥的象征。图中“鹭”与“路”同音，“莲”与“连”同音，仙鹤与莲花组合，称“一路连科”。中国古代科举考试连续考中谓之“连科”，寓意应试一路畅通，仕途顺遂。中心图案为“刘伶醉酒”，刘伶是晋朝“竹林七贤”之一，酒量惊人，相传他不满统治者的专权横暴，便到河北徐水访问其友人张华，张华以当地佳酿款待，刘伶饮后倍加赞赏，喝得酩酊大醉，三日未醒，待到第四日醒来时以为三载已过。雕刻中展现的便是刘张二人一边豪饮一边攀谈的场景，构图略显拥挤却也恰当地将二人的狂放之态暴露无遗。左侧图案为“双凤呈祥”和“凤戏（栖）牡丹”。

图5-81为该宅院西厢房南侧一户的窗台图案，左右两侧均为喜鹊栖于腊梅枝头，引颈唱鸣。腊梅通常于冬春之交开放，素有“报春花”之誉，喻早春。俗以喜鹊为瑞禽，素有“喜鹊叫，喜事到”之民谚，以寓嘉庆之兆。两者组合，可称为“喜报春早”，亦称“报春光”、“喜报早春”。中心图案为“状元及第”，图中人物头戴官帽，踌躇满志，手指太阳，表示“功名富贵，指日（太阳）可待”的意思，以此激励子孙。

图5-82为该宅院倒座西侧一户的窗台图案，左侧和右侧均为“灵猴献桃”。猴音通“侯”，有加官晋爵、节节高升之意，同时桃有长寿的寓意，猴与桃组合，寓意飞黄腾达、长寿平安。中心图案为一匹骏马奔腾于祥云上，扭头回眸，寓意“飞马流云、马到成功”，表达了对事业蒸蒸日上的期盼。骏马体长腿短，毛发飘逸，造型笨拙可爱。

图5-83为该宅院倒座房东侧一户的窗台图案，左右两侧为喜鹊立于梅果枝头，寓意“喜上眉梢”。中心图案在太阳、流云、山石中间，雕刻有三只羊，或卧或立，或扭头或仰视，姿态各不相同。“羊”与“阳”谐音，“太”与“泰”谐音，加之“羊”字又

是“吉祥”之“祥”的古字，整组图案寓意“三阳开泰”或“三阳交泰”。[1]

在这座院落中，除了窗台，在其正房和东西厢房的门墩等部位也做了高浮雕装饰。

东厢房下的一对门墩为“鹿衔梅枝”图案（图5-84）。在各种装饰图案中，鹿的造型多取回头姿态，所谓“十鹿九回头”，此处亦是如此。“鹿”在古代被视为瑞兽，有“千年为苍鹿，又五百年为白鹿，复五百年化为玄鹿”之说。此外，“鹿”与“禄”谐

图5-84 村中某宅东厢房下门墩装饰雕刻

图5-85 村中某宅西厢房下门墩装饰雕刻

图5-86 村中某宅正房下门墩装饰雕刻

1 “三阳开泰”或“三阳交泰”为岁首称颂之辞，即表新年伊始、万物复苏之吉祥寓意。

音，还有“官禄”、“俸禄”及“禄位”等含义。梅花寒冬绽放，是品质高洁的象征。

西厢房下的一对门墩为“犀牛望月”图案（图5–85）。《关尹子·五鉴》：“譬如犀牛望月，月形入角，特因识生，始有月形，而彼真月，初不在角。”明陈继儒《太平清话》卷四：“吕东莱畜犀带一围，文理缜密，中有一月影，过望则见，盖犀牛望月之久，故感其影于角。”以“犀牛望月”形容长久盼望，有警示及祈福之意。

正房下的门墩为一对幼狮（图5–86），两首相对，形体圆润，呈俯冲状，姿态矫健活泼，似在奔跑玩耍，身边盘长如意围绕。狮音同“事”，两只狮子和盘长如意组合，寓意事事如意。

六、壁画

在西黄石古村，根据建筑的等级，饰以壁画、彩绘等油彩装饰的只有玉皇庙、三关庙、祖师庙、普觉寺（已改建）四个寺庙建筑。它们或有大面积的墙体天神天君彩绘，华丽喜庆；或有佛龛中供奉菩萨神罗彩绘，安详庄重；或有梁枋雕龙绕柱彩绘，奢华艳丽；或有牡丹玉兰锦鸡鸟雀彩画，清新素雅。壁画彩绘与建筑互相映衬、相得益彰，满眼望去五彩缤纷、璀璨夺目，使人油然而生欢愉与敬畏之情。其中最令人称道的当属玉皇庙正殿内部两侧山墙上的壁画（图5–87、图5–88）。

在道教诸神中，由于“昊天金阙无上至尊自然妙有弥罗至真玉皇上帝”（俗称玉皇大帝）位置最为尊贵，故一般道观多称作玉皇庙。玉皇庙中九曜星、六太尉、十二辰、二十八宿等形象，多以陪衬主神的形式出现，成队罗列于主神两侧，以此来增加神殿的神秘气氛和主神像的威严感。西黄石古村玉皇庙正殿两侧的山墙上就悉数彩绘了“二十八星宿”的壁画。

壁画上部与梁架平齐处用彩画涂抹出了与屋顶相同的抬梁结构，并且画上了与梁椽上相同的飞龙图样，似乎山墙部分就是屋顶结构的延伸。彩绘的梁架下方便是壁画的主体部分——二十八星宿图，其高度高于人的水平视线约1米左右，使人产生仙从天降的错觉。在山墙上画出椽梁结构，其下再绘出壁画主体人物的做法，除了令人产生房屋面宽扩大的感觉外，还能够让人感觉到诸神由屋外从天而降，油然而生神圣感和喜悦感，加深信徒们对宗教崇拜的虔诚。

两面山墙各绘制了十四位星君，东山墙上分别为“东方苍龙七宿”：（“角木蛟”、

图5-87 玉皇庙东山墙壁画

图5-88 玉皇庙西山墙壁画

“亢金龙”、“氐土貉”、“房日兔”、“心月狐”、“尾火虎”、“箕水豹”）和“北方玄武七宿”：（“斗木獬”、“牛金牛”、“女土蝠”、“虚日鼠”、“危月燕”、“室火猪”、“壁水貐”）；西山墙上分别为“西方白虎七宿”（“奎木狼”、“娄金狗”、“胃土雉”、“昴日鸡”、“毕月乌”、“觜火猴”、“参水猿）和“南方朱雀七宿”（“井木犴”、“鬼金羊”、“柳土獐”、“星日马”、“张月鹿”、“翼火蛇”、“轸水蚓”）。

壁画推测为清道光年间绘制，画面完整、颜色鲜艳。与一般二十八宿以动物形象示人不同，西黄石村玉皇庙壁画上的二十八宿则均为人物形态，将天文学中用来观察天体运行、四季变化、经纬定位的28组赤道星座与唐代五行家袁天罡确定的28种动物同金、木、水、火、土、日、月合于人，创造出有血有肉的行星、动物、人三合一的神话人物形象，因此壁画内容更易于普通人理解。

画中诸仙神态各异，特征鲜明，易于识别。二十八星君或安详或愤怒或微笑或沉思，充满了人性化的表情，他们均身着色彩艳丽、式样复杂的汉服，携带兵戈矛戟等武器，身边祥云紧簇，象征其星宿属性的动物围绕在人物周围，体现出其神性与威严。而人神合一、衣饰繁杂、云瓣如菊，则从另一个侧面体现了清代审美趋于繁杂浮华，也反映了市民的审美情趣。

下面便根据《云笈七签》[1]的描述，依次介绍山墙上的二十八位星君。

1.东山墙苍龙七君

（1）中央钧天：角木蛟，属木，为蛟，为东方七宿之首。有两颗星如苍龙的两角，而龙角乃斗杀之首冲，故角宿多凶，有民间择吉古言云“角宿值日不非轻，祭祀婚姻事不成，埋葬若还逢此日，三年之内有灾惊”。角宿为二十八星宿之首，最为善战，故受到召请时必会排在前列。[2]

壁画中角木蛟（图5—89）头绾发髻束入金冠中，内着绛色右衽交领长衫，外着深绿色背子，领袖口宽博并有团花如意卐字滚边，着红黄两色风带，腿足隐于祥云中，颈挂

1 【宋】张君房编，李永晟点校.云笈七签，卷之二十八·二十八治（下部）.中华书局，2003.

2 角宿对应十天干中的“甲”，“甲从官，阳神也，角星神主之”。《云笈七签》记载：角宿“阳神九人。姓宾，名远生，衣绿玄单衣，角星宿主之，上治无极虚无无形，下治阳平山。”

图5-89 玉皇庙二十八星宿壁画——角木蛟

图5-90 玉皇庙二十八星宿壁画——亢金龙

如意环，左手持剑右手托牡丹一朵，左身盘绕做仰视状黛色蛟龙一只，整体姿态高贵庄重，表情气定神闲。

(2) 中央钧天：亢金龙，属金，为龙，是东方第二宿，为苍龙的颈。龙颈，有龙角之护卫，变者带动全身，故多吉，有民间择吉古言云“亢宿之星事可求，婚姻祭祀有来头，葬埋必出有官贵，开门放水出公侯”。[1]

壁画中亢金龙（图5-90）向左侧回望角木蛟，圆睁双眼，面带微笑。头戴乌金色貂蝉冠，上身着月白色祥云纹样直衣，下身着黯色六边形龟背纹腰裙，腰部用丝带扎系，前挂带老金色拐子龙纹样的胭脂色鸾带，左侧腰间还用玉环绶悬挂金色夔龙环，颈挂方形寄名锁如意环，右手持如意枪，整体衣装繁杂。身后还有代表其象征的动物白龙，龙身完全藏于祥云中，只露出龙头，龙嘴喷水形成亢金龙身后顶戴，更加映衬其天神形象。

(3) 中央钧天：氐土貉，属土，为貉（即狗獾）。氐，为根为本，如木之有根始能

1 亢宿对应十天干中的“乙”，“乙从官，阴神也，亢星神主之”。《云笈七签》记载：亢宿“阴神四人，姓扶，名司马。马头赤身，衣赤缇单衣，带剑，亢星神主之，上治无极虚无自然，下治鹿堂山”。

往上支天柱、往下扎深根，但当其根露现时即是冬寒草木枯黄之时。《史记》记载："氐，东方之宿，氐者言万物皆至也"。氐宿是东方第三宿，为苍龙之胸，万事万物皆了然于心。龙胸，乃龙之中心要害，重中之重，故多吉，有民间择吉古言云"氐宿之星吉庆多，招得横财贺有功，葬埋若还逢此日，一年之内进钱财"。[1]

壁画中氐土貉（图5-91）髡发酡红，头上长角，内着栗色交领宽袖长衫，肩披羽制暧衣，下身着羽制合欢腰裙以丝带扎系，身后背镶金红细杖一枝。整体动势向左但上身右转，高举右手做顶天状，双眼圆瞪，面部紧皱，似有愠怒。

（4）东方苍天：房日兔，为日，为兔，为东方第四宿。为苍龙腹房，古人也称之为"天驷"，取龙为天马和房宿有四颗星之意。龙腹，五脏之所在，万物在这里被消化，故多凶，有民间择吉古言云"房宿值日事难成，办事多半不吉庆，葬埋多有不吉利，起造三年有灾殃"。[2]

图5-91 玉皇庙二十八星宿壁画——氐土貉

壁画中房日兔（图5-92）发后梳呈背头状，头上长一对细长弯角，身着松绿色右衽直领长衫，腰间悬挂赤绶金龙盘，右手执矛，眯眼侧头，若有所思。

（5）东方苍天：心月狐，为月，为狐，为东方第五宿。为苍龙腰部，心为火，是夏季第一个月应候的星宿，常和房宿连用，用来论述"中央支配四方"。龙腰，肾脏之所在，新

1 氐宿对应十天干中的"丙"，"丙从官，阳神也，氐星神主之"。《云笈七签》记载：氐宿"阳神十三人，姓王，名师子。衣青纱单衣，氐星神主之。上治无极玄元无为，下治鹤鸣山此三治主辰生"。

2 房宿对应十天干中的"丁"，"丁从官，阴神也，房星神主之"。《云笈七签》记载：房宿"阴神八人，姓洪，名寄生。衣绛绯单衣，房星神主之，上治虚白，下治漓沅山"。

图5-92　玉皇庙二十八星宿壁画——房日兔

图5-93　玉皇庙二十八星宿壁画——心月狐

图5-94　玉皇庙二十八星宿壁画——尾火虎

图5-95　玉皇庙二十八星宿壁画——箕水豹

陈代谢的源泉，不可等闲视之，故多凶，有民间择吉古言云“心宿恶星元非横，起造男女事有伤，坟葬不可用此日，三年之内见瘟亡”。[1]

壁画中心月狐（图5-93）一身武将装束，头戴赤金蝉冠，左右两侧各留一撮乌发沿耳廓倒生，身着式样繁杂靠身装，用玉带系扎石绿色靠肚，肩甲、臂甲、下甲、战靴镶金纹绣、羽式滚边，装饰精美，玄色帬裓绯红绶带动势十足，右手仗剑胸前，大将神态巍然屹立。

（6）东方苍天：尾火虎，属火，为虎，为东方第六宿。尾宿九颗星形成苍龙之尾，龙尾是斗杀中最易受到攻击部位，故多凶，有民间择吉古言云“尾宿之日不可求，一切兴工有犯仇，若是婚姻用此日，三年之内有悲哀”。[2]

壁画中尾火虎（图5-94）头戴虎首帽，身着绯红色武将靠服，式样繁杂，右手执镶

1　心宿对应十天干中的“戊”，“戊从官，阳神也，心星神主之。心星，火也，为工，故在东方”。《云笈七签》记载：心宿“阳神五人，姓女，名涂祖，牛头人身，衣黄单衣，带剑，心星神主之，上治洞白，下治葛璝山此二治主卯生”。

2　尾宿对应十天干中的“己”，“己从官，阴神也，尾星神主之”。《云笈七签》记载：尾宿“阴神十一人，姓涂，名徐泽。兔头人身，衣青单衣，尾星神主之。上治三一，下治庚除”。

金鸥斧，圆瞪双目俯视下方，看上去骁勇善战、凶猛强悍。

（7）东北变天：箕水豹，属水，为豹，为东方最后一宿。为龙尾摆动所引发之旋风，故箕宿好风，一旦特别明亮就是起风的预兆，因此又代表好调弄是非的人物，主口舌之象，故多凶，有民间择吉古言云“箕宿值日害男女，官非口舌入门来，一切修造不用利，婚姻孤独守空房”。[1]

壁画中箕水豹（图5–95）头戴乌金貂蝉冠，着绯红大袖冕服，下身系苍色腰裙，披鹅黄黛蓝二色风带，右手捋三髯须，风雅清秀，气质不凡。其身后跟随水色直纹豹一只，大瞪双目俯视下方，威风凛凛。

2.东山墙玄武七君

（1）东北变天：斗木獬，属水，为獬，为北方之首宿。因其星群组合状如斗而得名，古人又称“天庙”，是属于天子的星。天子之星常人是不可轻易冒犯的，故多凶，有民间择吉古言云“斗宿值日不吉良，婚姻祭祀不吉昌，葬埋不可用此日，百般万事有灾殃”。[2]

图5–96 玉皇庙二十八星宿壁画——斗木獬

壁画中斗木獬（图5–96）绾发束于金冠中，内着酡红深衣，外套苍色大袖长袍，披石绿色半袖背子，下身丝带系鹅黄腰裙挂拐子龙鸾带，颈带如意大环，左手托箭三支。身边跟随黄栌色獬豸一只，体态优美、驯良聪慧。

（2）东北变天：牛金牛，属金，为牛，为南方第二宿。因其星群组合如牛角而得名，其中最著名的是织女星与牵牛星，虽然牛郎与织女的忠贞爱情能让数代人倾心感动，然最终还是无法逃脱悲剧性的结局，故牛宿多凶，有民间择吉古言云“牛宿值日利不

1 箕宿对应十天干中的“庚”，“庚从官，阳神也，箕星神主之。桑木者，箕星之精也”。《云笈七签》记载：箕宿“阳神十一人，姓元阙，名仲。衣飘飘玉妙单衣，箕星神主之。上治三元，下治秦中山此二治主寅生”。

2 斗宿对应十天干中的“辛”，“辛从官，阴神也，南斗星神主之”。《云笈七签》记载：斗宿“阴神四人，姓阳，名多，衣青单衣，持矛，南斗星神主之。上治三五，下治真多山此一治主丑生”。

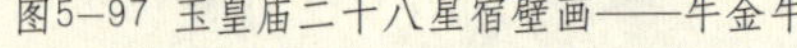

图5-97 玉皇庙二十八星宿壁画——牛金牛

图5-98 玉皇庙二十八星宿壁画——女土蝠

多，一切修造事灾多，葬埋修造用此日，卖尽田庄不记丘”。[1]

壁画中牛金牛（图5-97）为牛头人身，衣着纯白色祥云波浪纹冕服，点缀牡丹寿桃图案，颈挂金色如意镂空环，胸扣象牙带，腰系红白玉带并缀有青绶，身披胭脂茶白两色风带，左手执金鞭，右手侧推，昂首侧面，似与壁水 在高谈阔论。

（3）北方玄天：女土蝠，属土，为蝠，为北方第三宿。其星群组合状如箕，亦似“女”字，古时妇女常用簸箕颠簸五谷，去弃糟粕留取精华，故女宿多吉，有民间择吉古言云“女宿值日吉庆多，起造兴工事事昌，葬埋婚姻用此日，三年之内进田庄”。[2]

壁画中女土蝠（图5-98）头戴金箍，耳发倒竖，上身赤裸，下身裹黛色腰裙外包豹纹合欢裙，腰间赤绶缀乌金龙环，叶状洋红石绿两色风带缠身，身后针状顶戴衬托。双手带镯，右手高举镶金断戟，双目怒瞪，神色严肃，虽衣衫不整但神性毕露，不容小觑。

1 牛宿对应十天干中的“壬”，“壬从官，阳神也，牛星神主之”。《云笈七签》记载：牛宿“阳神十二人，姓柳，名将生。衣绛玄单衣，牛星神主之。上治九天，下治昌利山”。

2 女宿对应十天干中的“癸”，“癸从官，阴神也，女星神主之”。《云笈七签》记载：女宿“阴神姓刁，名徐，字郁子。犬头人身，女星神主之，上治五城，下治隶上山此合前三治主丑生”。

（4）北方玄天：虚日鼠，为日，为鼠，为北方第四宿。当半夜时虚宿居于南中正是冬至的节令，冬至一阳初生，为新的一年即将开始，古人称为“天节”，如同子时一阳初生意味着新的一天开始一样，给人以美好的期待和希望，故虚宿多吉，有民间择吉古言云“虚宿值日吉庆多，祭祀婚姻大吉昌，埋葬若还逢此日，一年之内进钱财”。[1]

图5—99 玉皇庙二十八星宿壁画——虚日鼠

壁画中虚日鼠（图5—99）形象为一位鹤发童颜的老者，上身赤裸，下身着酡红腰裙，腰间用青绶系扎并挂有金盘和白绿色竹节杖，颈挂如意环，左手戴金镯托灰鼠一只，右手执桃扇，面部表情和善慈祥，人性十足。

（5）北方玄天：危月燕，为月，为燕，北方第五宿。居龟蛇尾部之处，故此而得名“危”，意指战斗中，断后者常常有危险。危者，高也，高而有险，故危宿多凶，有民间择吉古言云“危宿值日不多吉，灾祸必定注瘟亡，一切修营尽不利，灾多吉少事成灾”。[2]

图5—100 玉皇庙二十八星宿壁画——危月燕

壁画中危月燕（图5—100）金冠绾发，带梅花卷草金耳坠，颈部挂如意圈，上身内着桃红色右衽交领深衣，外着青灰色祥云纹宽袖长衫，下身着白色罗裙，腰系青色丝带，挂金纹鸾带一条，披赫赤鹅黄两色风带，右手持剑，左手托剑，表情安详泰然中不失庄重。

（6）北方玄天：室火猪，属火，为猪，为北

1 虚宿对应十二时辰中寅时，“寅从官，孟神也，虚星神主之”。《云笈七签》记载：虚宿“槐者，虚星之精也，孟神四人，姓木，名徐他。鼠头人身，衣银黑单衣，带剑，虚星神主之。上治元神，下治涌泉山”。

2 危宿对应十二时辰中卯时，“卯从官，仲神也，危星神主之”。《云笈七签》记载：危宿“仲神十一人，姓刘，名归生。衣琼纹单衣，带剑，危星神主之。上治丹田，下治稠粳山此二治主子生”。

图5-101 玉皇庙二十八星宿壁画——室火猪

方第六宿。因其星群组合像房屋状而得名“室”，房屋乃居住之所，人之所需，故室宿多吉，有民间择吉古言云“室宿值日大吉利，婚姻祭祀主恩荣，葬埋苦还逢此日，三年必定进田庄”。[1]

壁画中室火猪（图5-101）头戴赤金貂蝉冠，官帽上套有苍色云字披肩及至肩背，着绯红色右衽交领宽袖长衫，领袖口有喜字牡丹纹滚边，用大红丝绦扎系绛紫色六边形龟背纹腰裙，身披酡颜石绿两色风带，体态圆润，神色安详。室火猪左侧跟随一只绾绛色猪，后变身隐于祥云中，肥头大耳仰视其主，眯眼呈玄月状似在微笑。

（7）西北幽天：壁水貐，属水，为貐，为北方第七宿。居室宿之外，形如室宿的围墙，故此而得名“壁”，墙壁，乃家园之屏障，故壁宿多吉，有民间择吉古言云“壁宿之星好利宜，祭祀兴工吉庆多，修造安门逢此日，三朝七日进钱财”。[2]

图5-102 玉皇庙二十八星宿壁画——壁水貐

壁画中壁水貐（图5-102）羊头人身，外着昏黄色背子，内着松绿色深衣，左手持一山水画卷略微展开，颔首低头，侧视左方，看上去知书达理，一派文人扮相。

3.西山墙白虎七君

（1）西北幽天：奎木狼，属木，为狼，为西

1 室宿对应十二时辰中辰时，“辰从官，季神也，营室星神主之。营室之内，五色杂神，营室天子受命之司，水官星神主之”。《云笈七签》记载：室宿“季神八人，姓吕，名升，衣黄锦单衣，营室星神主之。上治常先，下治北平山。”

2 壁宿对应十二时辰中巳时，“巳从官，孟神也，东壁星神主之”。《云笈七签》记载：壁宿“孟神七人，姓石，名苏和，豕头人身，衣黑单衣，带剑，东壁星神主之。上治金梁，下治本竹山此二治主亥生”。

方第一宿。有天之府库的意思，故奎宿多吉，有民间择吉古言云“奎宿值日好安营，一切修造大吉昌，葬埋婚姻用此日，朝朝日日进田庄”。[1]

壁画中奎木狼（图5–103）头戴乌金貂蝉冠，留三髯须，内着酡红交领深衣，外着竹青色交领大袖长衫，系龟背纹腰裙，缀月白色寿桃金纹鸾带，颈挂如意环，手持笏板，持重端肃。

（2）西北幽天：娄金狗，属金，为狗，为西方第二宿。娄，同“屡”，有聚众的含意，也有牧养众畜以供祭祀的意思，故娄宿多吉，有民间择吉古言云“娄宿之星吉庆多，婚姻祭祀主荣华，开门放水用此日，三年之内主官班”。[2]

壁画中娄金狗（图5–104）头戴金铃，雾鬓风鬟，内着石绿色右衽交领深衣，外着桃红色直领大袖夔龙纹长衫，颈带乌金如意寄名锁，身披鸦青姜黄两色风带，双手作舞持状，整体姿态婀娜风雅。

（3）西方颢天：胃土雉，属土，为雉，为西方第三宿。如同人体胃之作用一样，胃宿就像天的仓库屯积粮食，故胃宿多吉，有民间择吉古言云“胃宿修造事亨

图5–103 玉皇庙二十八星宿壁画——奎木狼

图5–104 玉皇庙二十八星宿壁画——娄金狗

图5–105 玉皇庙二十八星宿壁画——胃土雉

1 奎宿对应十二时辰中午时，“午从官，仲神也，奎星神主之”。《云笈七签》记载：奎宿“仲神六人，姓黑，名石胜。衣丹纱单衣，带剑，奎星神主之。上治六府，下治蒙秦山”。

2 娄宿对应十二时辰中未时，“未从官，季神也，娄星神主之”。《云笈七签》记载：娄宿“季神十三人，姓竺，名远来。衣流荧单衣，娄星神主之。上治太一君，下治平盖山”。

通，祭祀婚姻贺有功，葬埋若还逢此日，田园五谷大登丰”。[1]

壁画中胃土雉（图5-105）头戴亚金色蝉冠，身着青灰色直领大袖祥云纹直衣，腰部用玉带扎系龟背纹腰裙并缀有寿纹鸾带，颈挂条形寄名锁，右手托玉带，左手拄长剑，身体略微后倾，整体形态沉稳庄重、挺拔干练。

图5-106 玉皇庙二十八星宿壁画——昴日鸡

（4）西方颢天：昴日鸡，属日，为鸡，为西方第四宿，居白虎七宿的中央。在古文中西从卯，西为秋门，一切已收获入内，该是关门闭户的时候了，故昴宿多凶，有民间择吉古言云“昴宿值日有灾殃，凶多吉少不寻常，一切兴工多不利，朝朝日日有瘟伤”。[2]

壁画中昴日鸡（图5-106）头戴赤金蝉冠，左右两侧各留一撮乌发沿耳廓倒生，衣着酡红色祥云波浪纹冕服，点缀夔龙图案，颈挂金色如意环，胸扣下腰出扎象牙带，腰间缀有青绶夔龙金饰，身披鸦青鹅黄两色风带夹杂日冕纹样，右手作指点状，左手托日鸡金盘，面部容貌更似狼狗，整体形象豪迈英武，颇有指点江山之势。

（5）西方颢天：毕月乌，为月，为鸟，为西方第五宿。又名“罕车”，相当于边境的军队，又“毕”有“完全”之意，故毕宿多吉，有民间择吉古言云“毕宿造作主兴隆，祭祀开门吉庆多，一切修造主大旺，钱财牛马满山川”。[3]

---

1 胃宿对应十二时辰中申时，“申从官，孟神也，胃星神主之”。《云笈七签》记载：胃宿“孟神八人，姓冯，名谢君。衣流黄单衣，带剑，胃星神主之。上治五龙，下治云台山，此合前三治主戌生”。

2 昴宿对应十二时辰中酉时，“酉从官，仲神也，昴星神主之”。《云笈七签》记载：昴宿“仲神四人，姓张，名弩小。衣绿青单衣，昴星神主之。上治随天，下治浕口山”。

3 毕宿对应十二时辰中戌时，“戌从官，季神也，毕星神主之”。《云笈七签》记载：毕宿“季神姓桑，名公孙，带剑，衣白毛单衣，毕星神主之。上治六丁，下治后城山此二治主酉生”。

图5-107 玉皇庙二十八星宿壁画——毕月乌

图5-108 玉皇庙二十八星宿壁画——觜火猴

图5-109 玉皇庙二十八星宿壁画——参水猿

壁画中毕月乌（图5-107）头戴红缨冠并挂有绛红色帽巾及肩，身披羽制云肩，着石绿色侉衣，双臂赤裸，双手高举镶金鸱斧，一副矫健昂扬的武将姿态。

（6）西南朱天：觜火猴，属火，为猴，为西方第六宿。居白虎之口，口福之象征，故觜宿多吉，有民间择吉古言云“觜宿值日主吉良，埋葬修造主荣昌，若是婚姻用此日，三年之内降麒麟”。[1]

壁画中觜火猴（图5-108）头戴乌金蝉冠，留有浓密短须，口部大张似在怒吼，披素白围领，上身着绛红侉衣，双臂赤裸，下身着油绿卦裤，右手执红缨弯刀，整体形象强壮彪悍，给人印象深刻。

（7）西南朱天：参水猿，属水，为猿，为西方第七宿。居白虎之前胸，虽居七宿之末但为最要害部位，故参宿多吉，有民间择吉古言云“参宿造作事兴隆，富贵荣华胜石崇，葬埋婚姻多吉庆，衣粮牛马满家中”。[2]

壁画中参水猿（图5-109）束发绾入乌金蝉冠中，着青灰色夔龙纹大袖长衫，颈带乌金如意寄名锁，双手相交置于袖中，清俊闲雅，一副怡然自得的隐士之态。参水猿右侧有一湘妃色猿猴，搔首弄姿，俏皮可爱。

1 觜宿对应十二时辰中亥时，“亥从官，孟神也，觜星神主之”。《云笈七签》记载：觜宿“孟神十一人，姓王，名平。衣龙青单衣，觜星神主之。上治十二辰，下治公慕山”。

2 参宿对应十二时辰中子时，“子从官，仲神也，参星神主之”。《云笈七签》记载：参宿“仲神八人，姓铜，名徐舒，衣黄绯单衣，带剑。上治还身，下治平冈山此二治主申生”。

4.西山墙朱雀七君

（1）西南朱天：井木犴，井木犴属木，为犴，为南方第一宿。其组合星群状如网，由此而得名“井”（井字如网状），井宿就像一张迎头之网，又如一片无底汪洋，故井宿多凶。有民间择吉古言云“井宿值日事无通，凶多吉少有瘟灾，一切所求皆不利，钱财耗散百灾非”。[1]

壁画中井木犴（图5—110）水红色头发、金色髯须、青色皮肤、肋骨尖凸外貌更似冥鬼，头戴乌金大铃，上身赤裸仅披鹅黄云肩，左手作兰花指状，右手执剑，整体形态亦庄亦谐，丑中有美，具有独特的审美快感。

（2）南方炎天：鬼金羊，属金，为羊，为南方第二宿。鸟类在受到惊吓时头顶羽毛成冠状，犹如一顶戴在朱雀头上的帽子，人们把最害怕而又并不存在的东西称作“鬼”，鬼宿因此而得名，主惊吓，故多凶。有民间择吉古言云“鬼金羊鬼宿值日不非轻，一切所求事有惊，买卖求财都不利，家门灾祸散零丁”。[2]

壁画中鬼金羊（图5—111）头绾双髻鬟，内着酡红右衽交领深衣，外着青白色长衫，下身着鹅黄色褥裙，颈带镂空如意寄名锁，左手挥袖，右手持剑，抿嘴侧视，神似多疑。左侧跟随雪白绵羊一只，体态较为抽象。

图5—110 玉皇庙二十八星宿壁画——井木犴

图5—111 玉皇庙二十八星宿壁画——鬼金羊

1 井宿对应十二时辰中丑时，“丑从官，季神也，井星神主之”。《云笈七签》记载：井宿“季神九人，名博阳。衣黄水单衣，带剑，能致凤凰、玄武，东井星神主之。上治还身，下治平冈山此二治主申生”。

2 鬼宿对应八卦中震卦，“震，干之长男也，鬼星神主之”。《云笈七签》记载：鬼宿“长男神五人，姓作，名涂于。蛇头黑身，带剑，衣赤野单衣，鬼星神主之。上治拘神，下治主簿山”。

图5–112 玉皇庙二十八星宿壁画——柳土獐

图5–113 玉皇庙二十八星宿壁画——星日马

（3）南方炎天：柳土獐，属土，为獐，为南方第三宿。居朱雀之嘴，其状如柳叶（鸟类嘴之形状大多如此），故而得名为“柳”，嘴为进食之用，故柳宿多吉。有民间择吉古言云“柳宿修造主钱财，富贵双全入家来，葬埋婚姻用此日，多招福禄主荣昌”。[1]

壁画中柳土獐（图5–112）着武将装束，獐头人身，周身靠服金红绿三色交替点缀，式样繁缛，颈部围素色靠领，腰以玉带系鹅黄色靠肚饰以鸦青色水波纹，右手持剑，披鸦青酡红两色风带，左脚前迈，回首向左似与胃土雉在攀谈，整体形象看上去威武高大、勇猛强悍。

（4）南方炎天：星日马，为日，为马，为南方第四宿，居朱雀之目。鸟类的眼睛多如星星般明亮，故由此而得名“星”，俗话说“眼里不揉沙子”，故星宿多凶。有民间择吉古言云“星宿值日有悲哀，凶多吉少有横灾，一切兴工都不利，家门灾祸起重重”。[2]

壁画中星日马（图5–113）头绾堕马髻，着缃色右衽交领茜草纹长衫，披鸦青酡红二色风带，颈挂如意镂空环，交手拄剑，表情肃穆，气质雍容高贵。其左侧伸出一匹白马，形象质朴憨厚。

（5）东南阳天：张月鹿，为月，为鹿，为南方第五宿，居朱雀身体与翅膀连接处，故而得名为“张”。翅膀张开才意味着飞翔，民间常有“开张大吉”等说法，故张宿多吉。有民间择吉古言云“张宿之星大吉昌，祭祀婚姻日久长，葬埋兴工用此日，三年

1 柳宿对应八卦中坎卦，“坎，干之中子也，柳星神主之”。《云笈七签》记载：柳宿“中男神四人，姓角，名石襄，羊头人身，衣黄韦单衣，柳星神主之。上治聚元，下治北邙山此三治主未生”。

2 星宿对应八卦中艮卦，“艮，干之少子也，七星神主之”。《云笈七签》记载：星宿“少子神五人，名胜子。衣飞霞单衣，七星神主之。上治别形，下治冈氏山”。

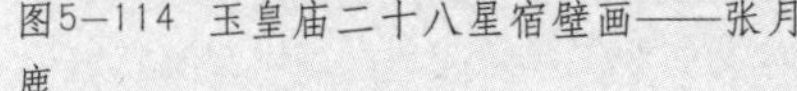

图5-114 玉皇庙二十八星宿壁画——张月鹿

图5-115 玉皇庙二十八星宿壁画——翼火蛇

官禄进朝堂”。[1]

壁画中张月鹿（图5-114）头戴乌金冠，留乌黑环髯，着鸦青色长衫，腰间挂有水色夔龙纹鸾带和金龙小环，颈挂如意寄名锁，右手自然下垂，左手托书籍卷轴，低头俯视，面容安静慈祥。

（6）东南阳天：翼火蛇，属火，为蛇，为南方第六宿，居朱雀翅膀之位，故而得名“翼”。鸟有了翅膀才能腾飞，故翼宿多吉。有民间择吉古言云“翼宿值日主吉祥，年年进禄入门堂，一切兴工有利益，子孙富贵置田庄”。[2]

壁画中翼火蛇（图5-115）发绾抓髻，红带扎系白巾包裹，着松绿色右衽交领长

1 张宿对应八卦中巽卦，“巽，坤之长女也，张星神主之”。《云笈七签》记载：张宿“长女神五人，姓李，名神子。衣赤血单衣，张星神主之。上治保气，下治白石山此二治主午生”。

2 翼宿对应八卦中离卦，“离，坤之中女也，翼星神主之”。《云笈七签》记载：翼宿“中女神十人，姓张，名奴子。衣赭黑单衣，带剑，翼星神主之。上治五玉，下治锺茂山”。

图5–116 玉皇庙二十八星宿壁画——轸水蚓

衫，腰系鹅黄合欢裙挂竹纹鸾带，披鸭黄银红二色风带，颈挂如意金环并缀有铜钱莲花灯装饰，右手执剑，整体形态雍容华贵、风度翩翩。其右侧跟随黛色蛟蛇一只，形体舒展舞动，面部表情愤怒凶悍。

（7）东南阳天：轸水蚓，属水，为蚓，为南方第七宿，居朱雀之尾。鸟儿的尾巴是用来掌握方向的，古代称车箱底部后面的横木为“轸”，其部位与轸宿居朱雀之位相当，故因此而得名。轸宿古称“天车”，“轸”有悲痛之意，故轸宿多凶，有民间择吉古言云“轸宿凶星不敢当，人离财散有消亡，葬埋婚姻皆不利，朝朝日日有惊慌”。[1]

壁画中轸水蚓（图5–116）头绾云髻，身着高腰襦裙，上身银朱色单衣，领袖口镶喜字葡萄滚边，下身紧身长襦裙，腰高及至腋下并以丝带系扎，颈带如意环身背尚方剑，右手托起粉色水蚓，足部隐于祥云之中，体态丰满圆润，面向左侧45°扭转，神色安详自然，优美的形态中带有一丝神仙的岸然之气。

小结：

在既往的年代里，淳朴勤劳的西黄石村民们依靠自己的智慧和灵巧的双手，把西黄石古村装扮得赏心悦目，使得我们今天才能够看到这么多装饰精美的古门楼、铺首、影壁、墀头、柱础、门窗、壁画等。西黄石古村的传统文化和村民的勤劳智慧将随着这些装饰精美的传统建筑一直传承下去。

1 轸宿对应八卦中兑卦，“兑，坤之少女也，轸星神主之”。《云笈七签》记载：轸宿“少女五人，姓神话，名苏子，衣流黄单衣。上治金堂，下治具山此二治主未生”。

附 录

附录1 西黄石古村的碑文选录

1.玉皇庙碑刻

贞祐年创修此庙，为佛堂之殿。今于大明正德年补修，改立玉皇庙，造香炉之，有泽州莒山乡黄石里维邦人。成裕、成直、成人美、成智交、成达、成子秀、成皋、成谭、成万、成森、成如鱼、成铝、成信。

正德七年春季月立

2.增修普觉寺碑记

粤自汉明梦金人取经西域，奉之白马寺，而佛栖于寺，肇厥始矣，历晋魏六朝迄今数千余年，即僻壤荒陬无不有所谓神刹佛寺，以为一方之福德者。黄石村中社旧有古佛堂，其规制甚隘，一龛一灯之外无余隙以为庄严。乃其迤右，复有别院一区，又形隔势偏，苦难联属。社之首成大儒等欲因势而式廓之，以为春秋报赛之所，惧其费繁且欲拓其规模而地属膏腴，价且不资。议售别院之西辟获价以为增修之用，然亦仅矣。邱山难以蚊负也。爰合社而谋之凤洲杜君。凤洲者好善乐施之士也，出其资可以独建而大美不居，谓必使里之中量力而施之，余将替其成而弥缝其缺，肸蚃有地明禋，克申独成之何如众成之乎？况栖神也。务从整饬梵宇、禅室、茶寮、舞楼，必备其仪而无参差。不齐之憾，附其前者。余所有地也随势而介入之峻整为限。于是众善乃踊跃以兴，曰是无量之功德，一里之托庇也。乃庇材而鸠工焉。壬寅落成，昔之一龛一灯，今则神宇、茶寮、歌楼、方丈济济。神其有以默相欤，何捐资捐力者之同心而利断，有如斯耶。名普觉寺，神人胥悦矣。行见神妥而人安雨旸，时百物丰，未有艾也。岁甲辰，诸首善将珉以垂后。且欲为凤洲特刊一石，凤洲逊，余曰："诸君之举，义也。杜君之让，礼也。即其事而言之两美毕现矣。"曰：善杜君者，岁贡生，名霞瀛，凤洲其字也。例得备书至，首事之名，布施之号，另有镌载止。鸿基成君，九明成君，年高劳，未及登名而诀，嗟乎！读左穀公羊之书，细善必录。遵涑水龙门之教，有美必彰。里闾中有兹役也，可以记矣。乃为之撮其颠末而书之。

吏部候选儒学训导岁贡生　高邑焦辟疆撰文

维首：成大儒、成振远、李和、杜霞瀛、杜建诏、杜荣、成士爵

大清乾隆四十九年岁次 甲辰 十月 穀旦

3.茂林口栽树碑记

吾乡之北旧有杨树几株，补其风脉，历年既久，树多腐朽。首事成广，成攀瀛等虑其摧残有碍一乡风脉，偕公议量力捐资，将朽腐者去之，新栽小树四十余根，以补朔方之缺。此一事也，不但一社

有光，寔于合村有益事，既竣，嘱予曰：“栽树之地，当著其名，树傍之池，亦当有名。”予思嘉植纷披，芳林业集，可称茂林口。树傍之池，当名润芳池。此皆首事人意也。至于所栽之树，或有人戕害入庙议罚亦首事者所管。自今以后，维潘维垣，于树有厚望焉。吾乡风脉，其有寖昌之势欤。

朴园成作楷撰并书

大清乾隆五十六年三月　縠旦　刻石

4.成发茂墓志铭

皇清太学生勉斋戚君暨淑配魏孺人董孺人蔡孺人王孺人合葬　墓志铭

□讳发茂，字勉斋，姓成氏，世为邑之黄石中人。祖远遇山，父讳孝忠，世有稳德。君生而岐嶷，弱龄即不与□儿戏。即就外传读书，顿悟过人。晚自塾归，必上堂问安否。询所读书，辄琅琅齐诵，从无妄语至触忤嗔怒，故幼即得堂上欢心。不幸早失父，生计日诎，几难炊具。君念无以养母，虽工文章，列仕宦，终艰于鸡豚之奉，何益？为人予事，因弃儒业商，持筹握算，善于居积人以为工，问白之术，不知实欲务黄孟之行也。家既渐饶，滑甘轻暖，所以养母，□无不至。然其废读终非本意，暇时即默识史事及先儒语录，以□见闻。故束身綦□，风裁峻整，见者莫不肃然起敬。不实平易近人，□□识府，与交游者皆信其无欺。平居自奉极俭，而施与慷慨不悕。常谓贬□有用之物，奢纵则为靡费，周济则为流通。常使财为我用，不可我为财用。值岁歉，尽出所积粟，减价以粜。赖以全活者，无算本县。

文庙前鼓楼年久颓废，君捐资倡修，省□饬材。不数月，庙貌聿新。诹吉率众具牲酒礼马，众知君好善而非冀邀福，无不乐于从事。延名师课子孙读，脩脯甚丰且敬礼不怠。常谕子孙曰：“读书期明理耳，科第得失有命，但能敦行孝弟，即不愧儒服儒冠。彼日诵千言而令五经扫地，虽掇巍科，何足荣贵？吾不愿汝曹效之也。”君虽学问未成，而能知大义。如此稽其生平始末，洵为完人，非得于天资之美，而不漓于浇风末俗，安能葆其性真久而不变也耶？

君生于乾隆五年十月二十一日午时，卒于嘉庆五年一月初五日酉时，享寿六十有一。元配魏孺人，继配董孺人、蔡孺人、王孺人。子三：良煜附□生，良炳太学生，□蔡孺人出良焕。王孺人出女三：长适杜发祥，□适□璐，次适杜燉煦。孙男五：西铭、东铭、磐铭、磬铭、书铭。孙女三：长适□芝田，余待字。道光五年四月初八日，卜葬于陵河之东冈。以四孺人□墓坐下□癸岁庚申余曾馆，君家故知。君最悉良煜，余良友良焕又余门下□也书来请为志。因即叙梗概而□以铭曰：

佳城□兮，□阜右冈，松楸环列□，如堂如防，贻厚泽兮扬丰光，福子孙兮永无疆。繄山川之流峙□□□□以俱长。赐□□出□。

招授朝议大夫户部江西□□外□□，八旗现番处前翰林院，吉士加一级，又随带加一级，记录□通，家愚姪常恒昌顿首拜撰文。

敕授修职郎，卯科举人以教□职，山阴县训导事加一级，眷晚生宋哲顿首拜书丹。

癸酉科举人吏部拣选知县，眷卫浚都顿首拜篆刻。

大清道光五年岁次乙酉四月初八

5.凤台县为强恶藐法夜伐官树事

仁明于太爷详文

凤台县为强恶藐法夜伐官树事 道光十二年二月十八日蒙

本府正堂王批据，县属西黄石村，生员：成俊生、成家元、成履纯。民人：成昌泰等控成荃率使朱遇兴夜伐官树一案，等因卑取。随即饬差同原被人等前往该处查勘，并传一干人证。讯得县民成俊生等与成荃同村居住，始为一祖，后年远分只，不记辈数。祖茔茔粮地并窑顶荒地，后改为场地，各有坡地六分零，该征粮银四分零，分为二三两门，公共各交一半，现有完粮串票凭据。其古槐树一株，北临大路，南靠场 。案内人等均称从前树上挂有木牌，不准砍伐字样。成荃私行砍伐以致涉讼。查成荃所呈，伊祖康熙七年间分单，内载槐树底地基一块，未必非指此地基。而言现在成荃所呈分单不足为凭，且槐树地向南高崚下系成荃祖上地基，业已受价卖出，伊祖靠崚所挖窑房亦系叔成世恒之业。其窑房顶底并无成荃之业，亦未完纳分毫粮银，何得乎空征伐树株？查成荃家境贫寒，若窑顶场地系伊之业，何能久不耕种？历年已久，可知不能专主。其分单后注明石头树株有分之语，但“有分”二字不过言系分树，伊亦有分。断令窑顶场地并古槐树仍属二三两门分立。树株归社，永不准砍伐。成荃混赖狡控，薄责示惩，取结完案，缘奉饬审，合将讯结缘由具文详，请宪台查核批示。立案为此，备由另册具申，伏乞施行。

四月二十日蒙　府批据详已悉准销案

大清道光十二年五月 榖旦 北社西社仝敬刊石　石工李发荣

6.玉皇庙碑刻

黄石村成福 、成福山、成安泰有小泊池焉。村中或饮牲畜，或澣衣服皆藉资于此。乾隆四十九年十月初一日，伊三家商议情愿，将池施与南社为一社之用。因同社首张大用、成烈忠、成士通、成太生言明：日后泊池凭社经营，或填或存，不与成性相干。今池已填矣，恐年久昧所由来，爰议补勒石碑。庶乎施主之义举，永远不忠耳，是为记。

清道光十九年十一月二十四日立

7. 成氏重修祖茔序

常思家庭之内，我辈有志修理祖茔之念久矣。兹因创修之时尚未勒石，古往今来，欲书历年之本末，不可得而知矣。余按□□相传等坟，推而及之，上自大明之间，次及本朝圣祖仁皇帝在位，屈指三百有余岁矣。坟茔地境形式，沧海桑田之变，可知矣。先君存日，自嘉庆二年季春上旬日止，树成氏祖茔石碑一座，其余无他。□至道光岁次辛丑孟春上元日，家庭之内，我辈公议，重修佳城，事择□抬前。三月十七日榖旦时，兴工加造砖石种树。一切等至闰三月望日告齐，特此为序。

理事：成源顺，成源福，成锦域，成兰英，成发旺，成发玉，成春令，成宜民

玉人：赵发旺

道光二十一年闰三月十五日

附录2　西黄石古村的历史建筑测绘图

杜家大院平面图

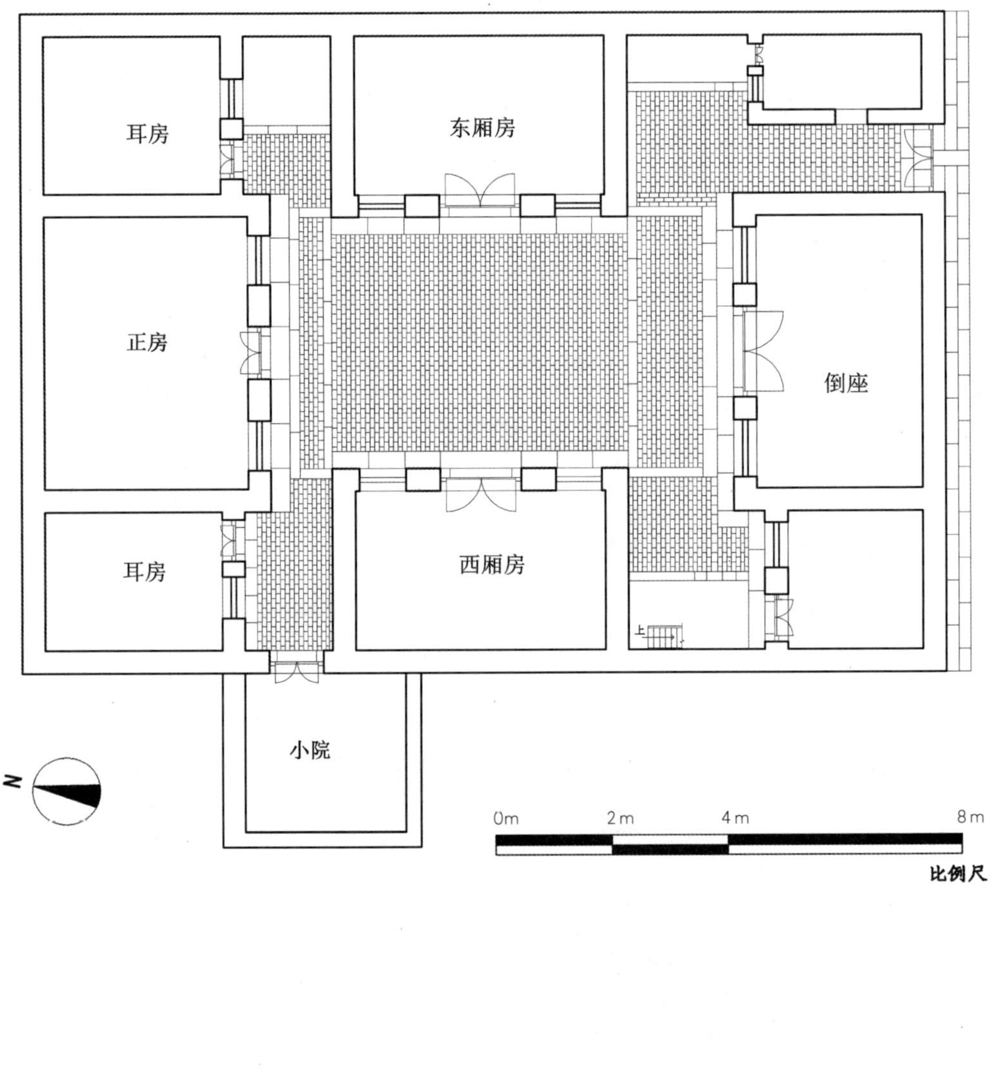

杜家九字院平面图

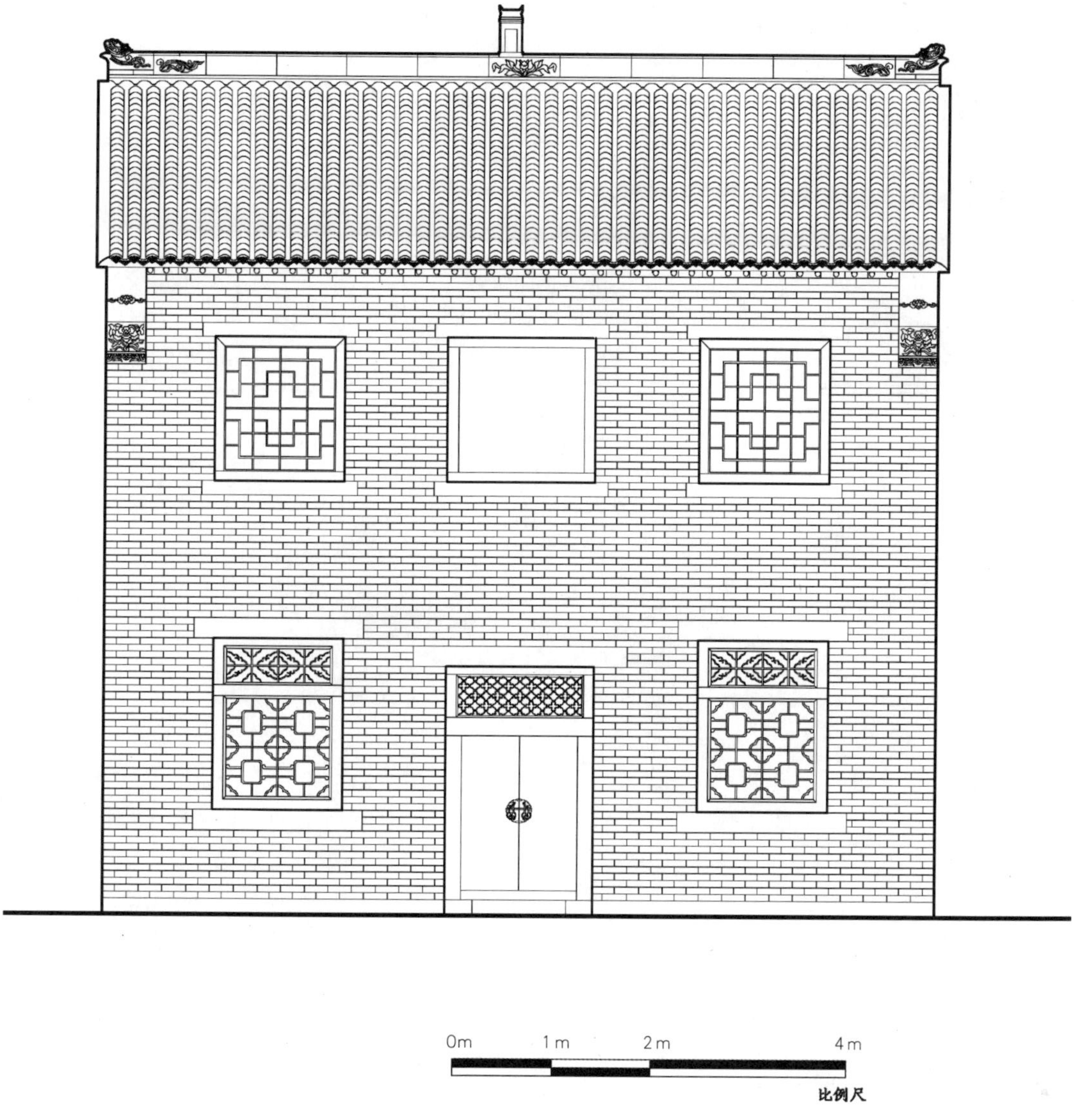

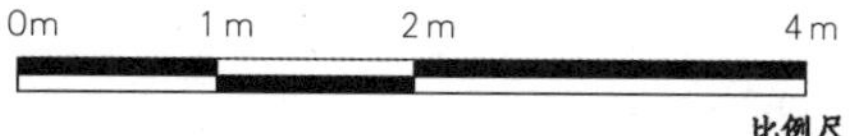

杜家九字院正房立面图

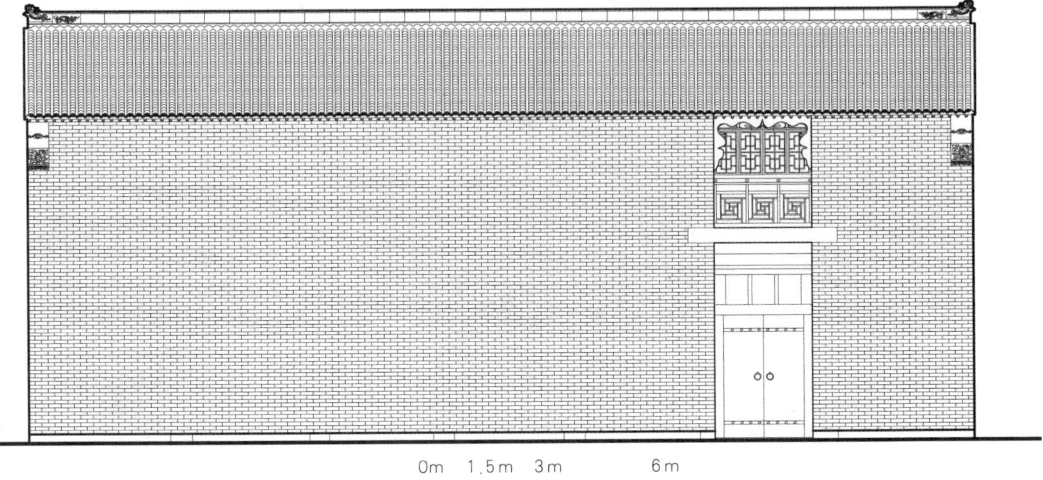

杜家九字院门楼立面图

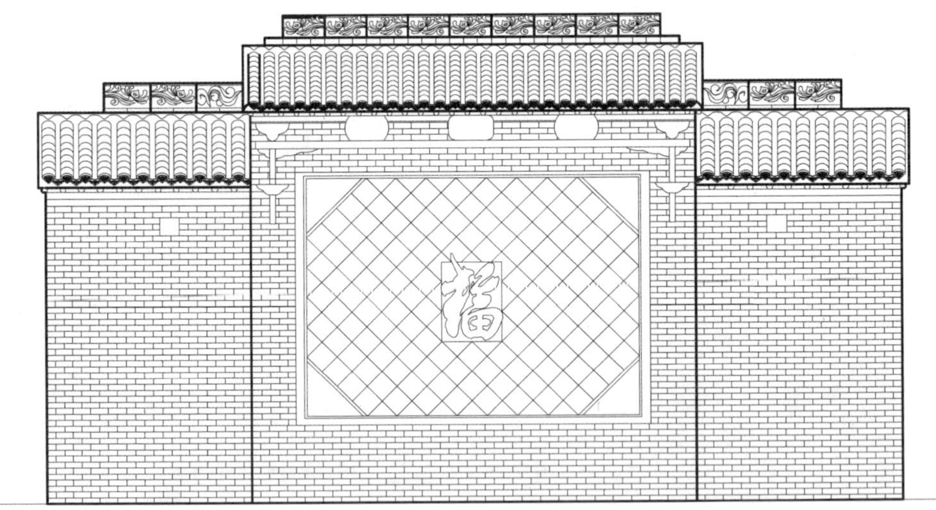

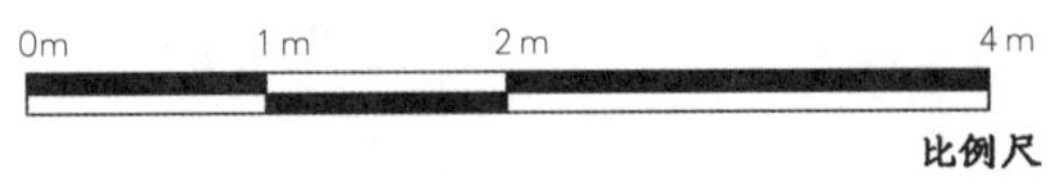

杜家九字院影壁立面图

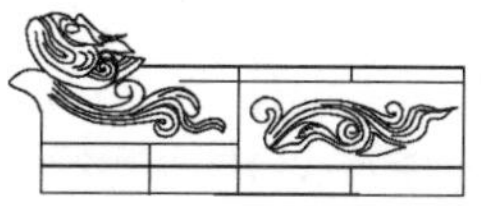

杜家九字院屋脊细部1

杜家九字院屋脊细部1

杜家九字院屋脊细部1

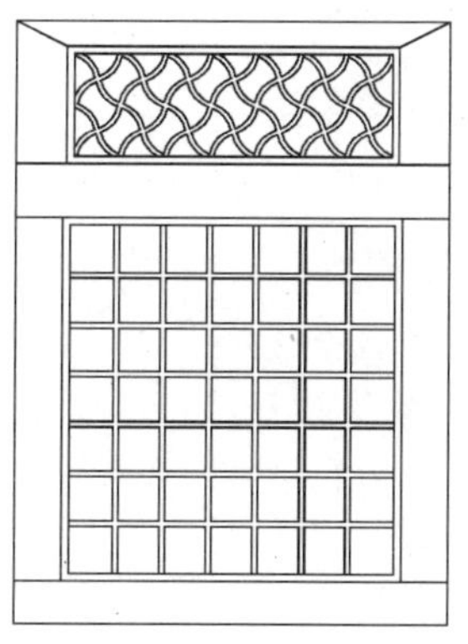

东厢房次间窗细部

正房次间窗细部

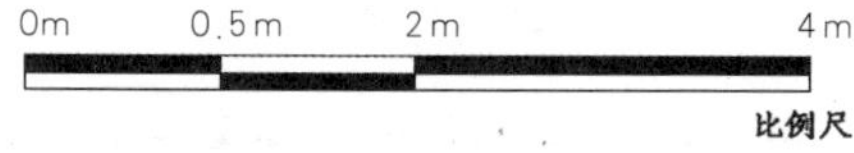

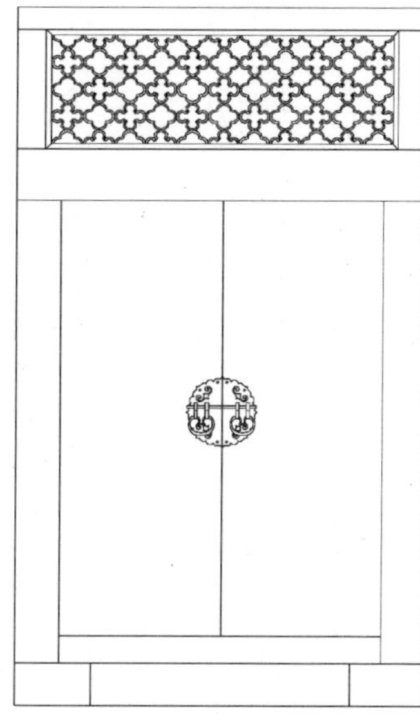

正房门细部

杜家九字院装饰细部大样

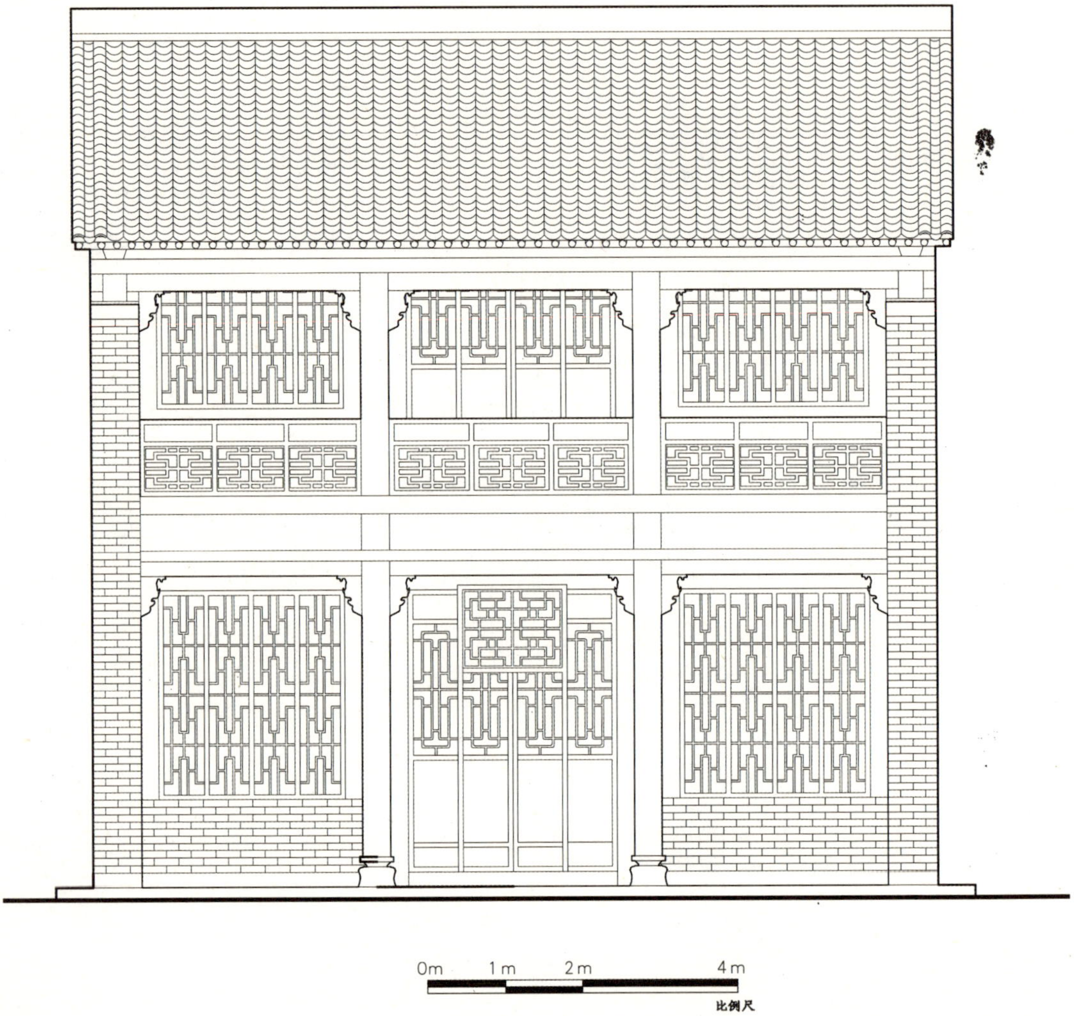

0m 1m 2m 4m
比例尺

杜家文魁院正房立面图

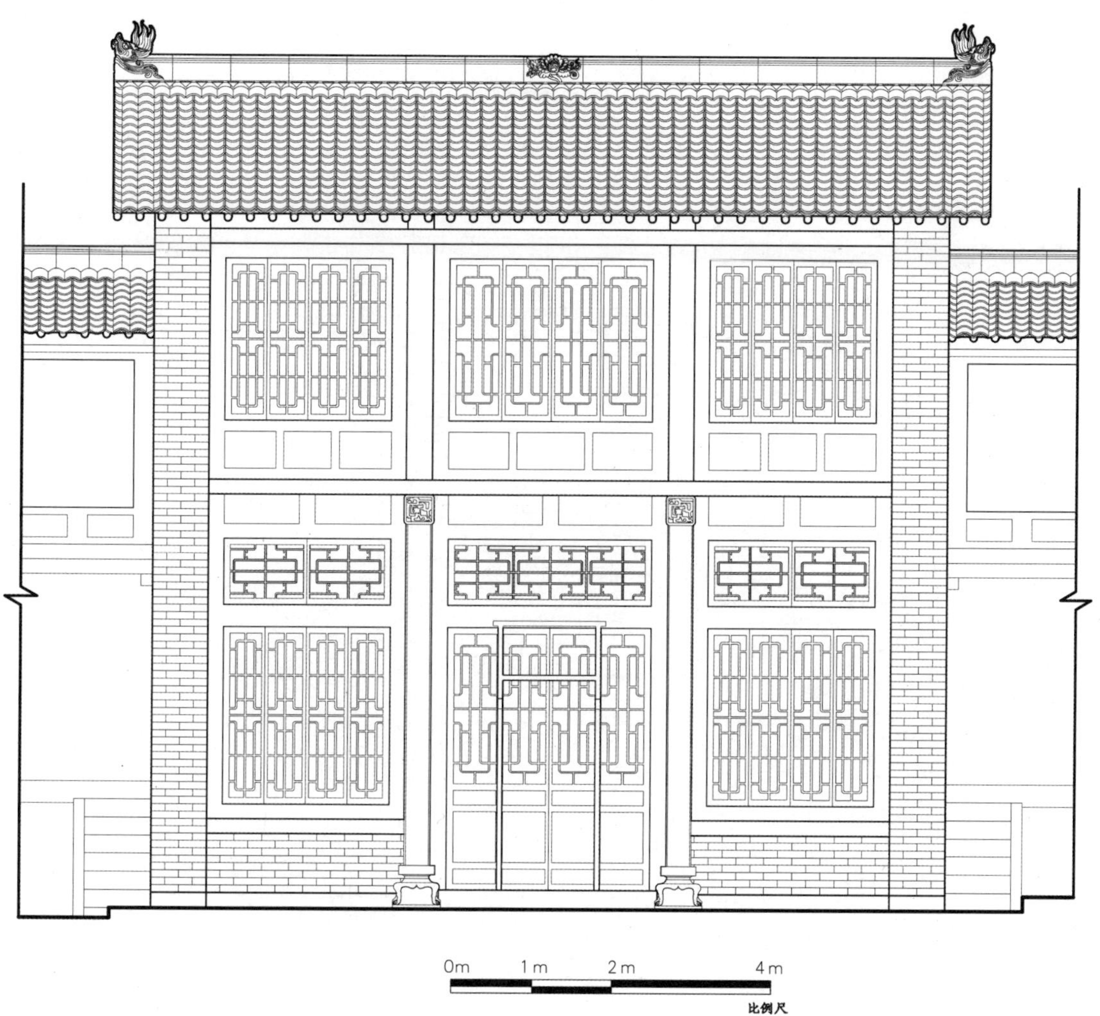

杜家文魁院东厢房立面图

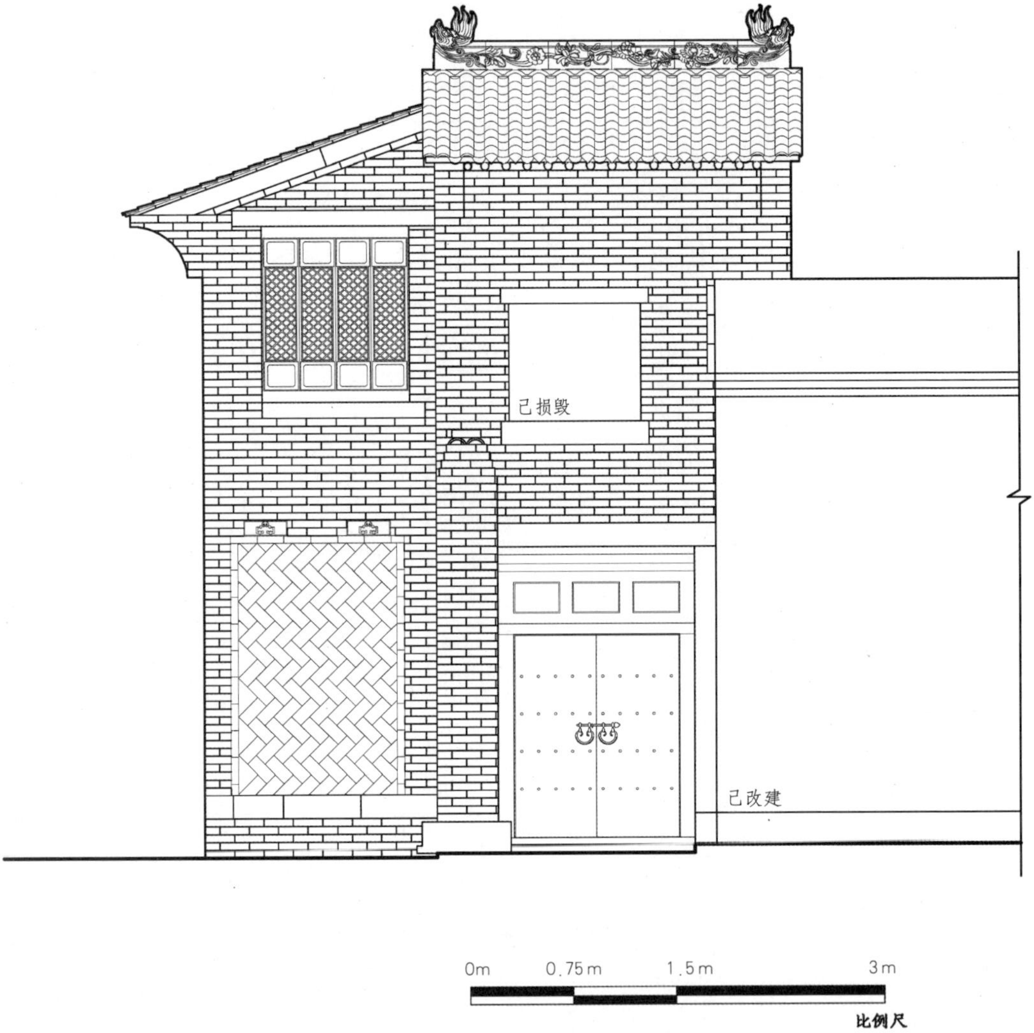

己损毁

己改建

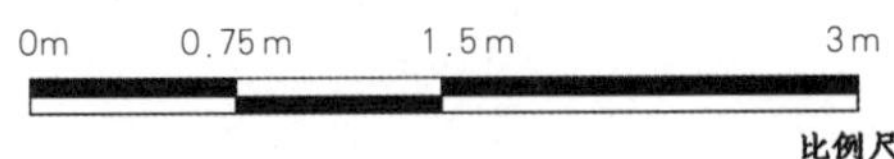

杜家文魁院东厢房立面图

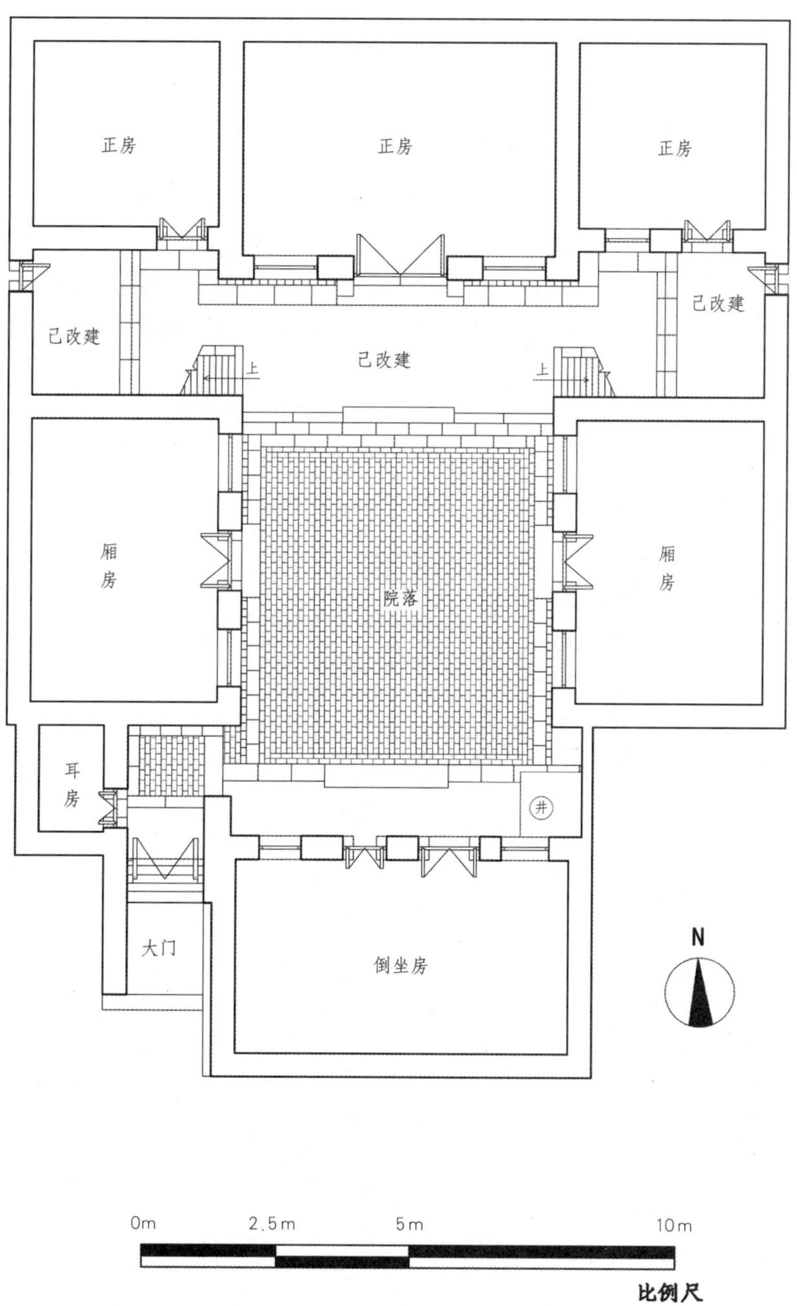

杜家武魁院平面图

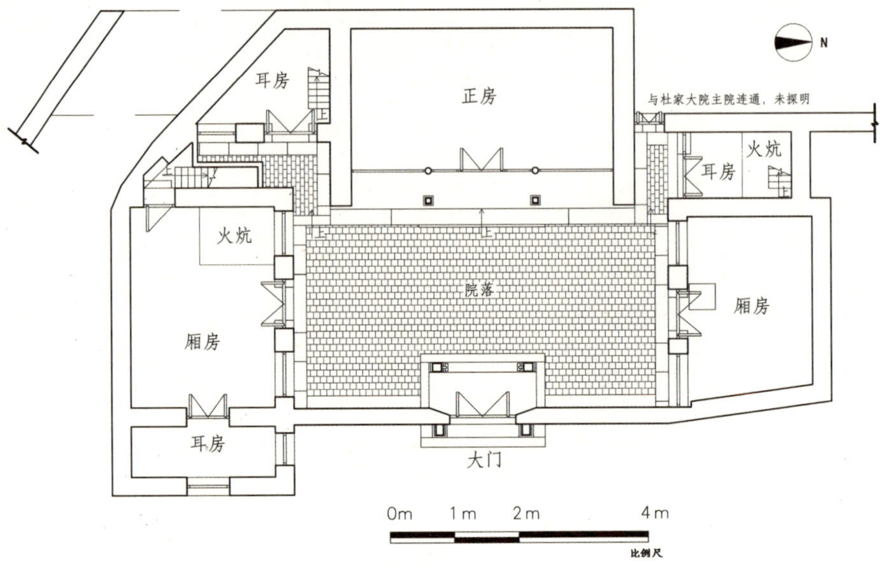

杜家书房院一层平面图

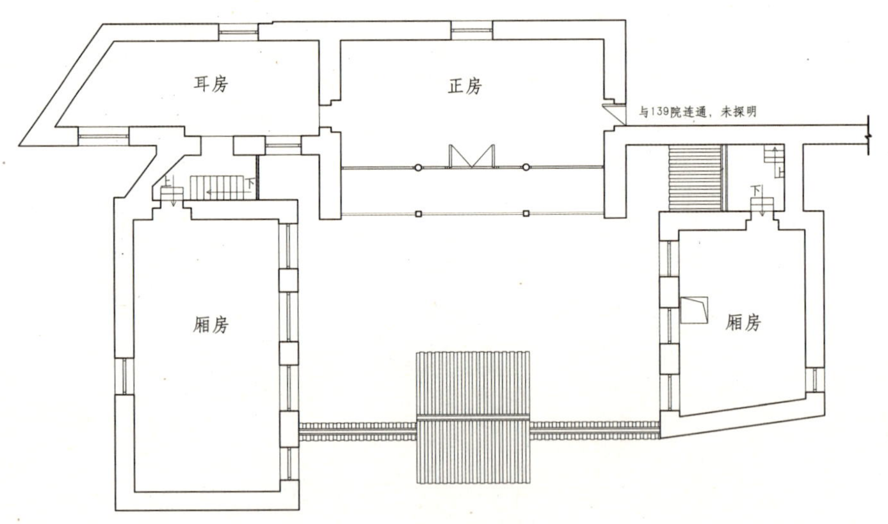

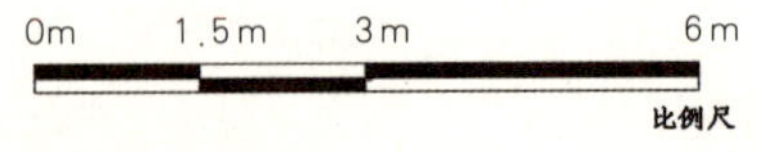

杜家书房院二层平面图

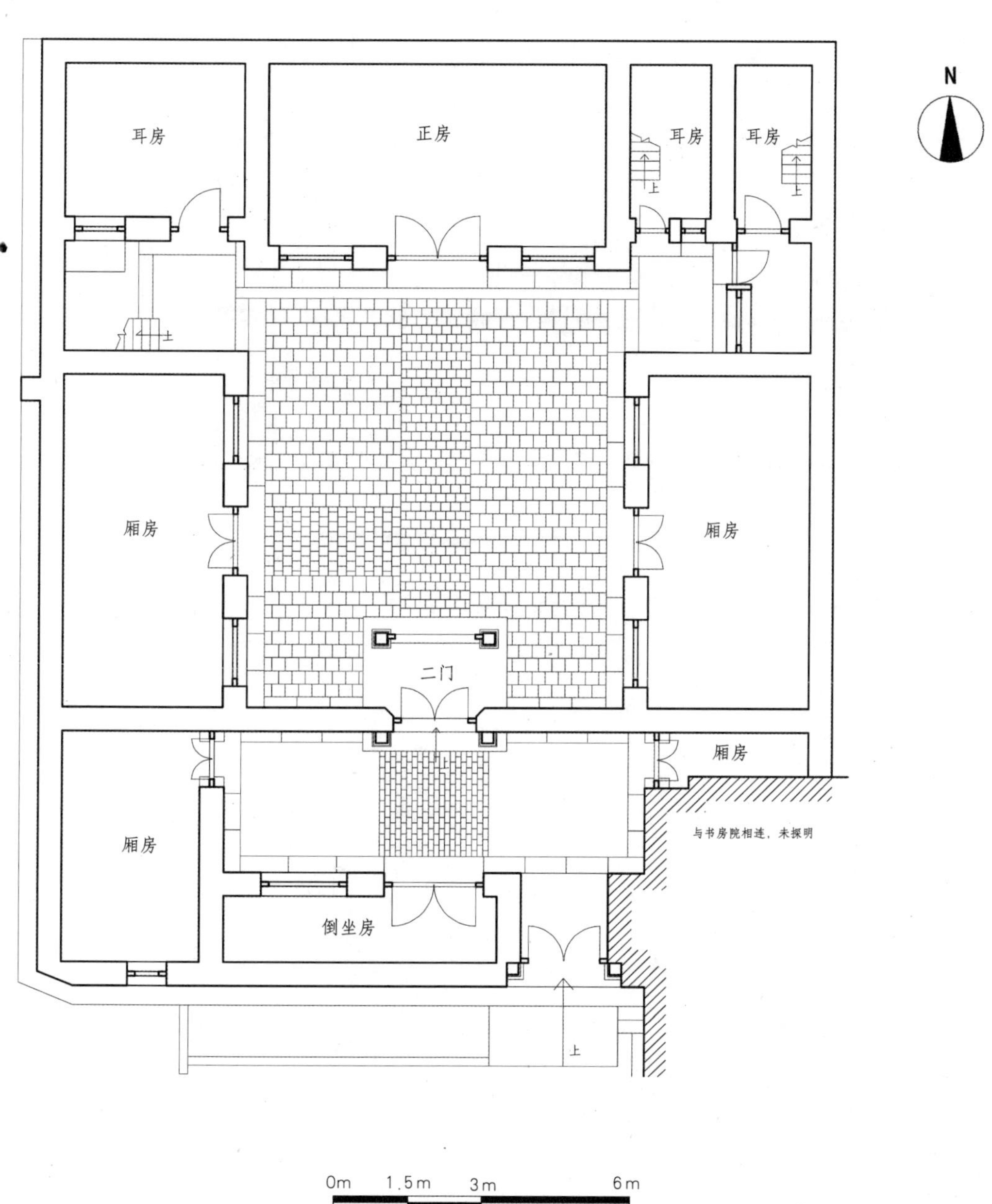

杜家大家主院一层平面图

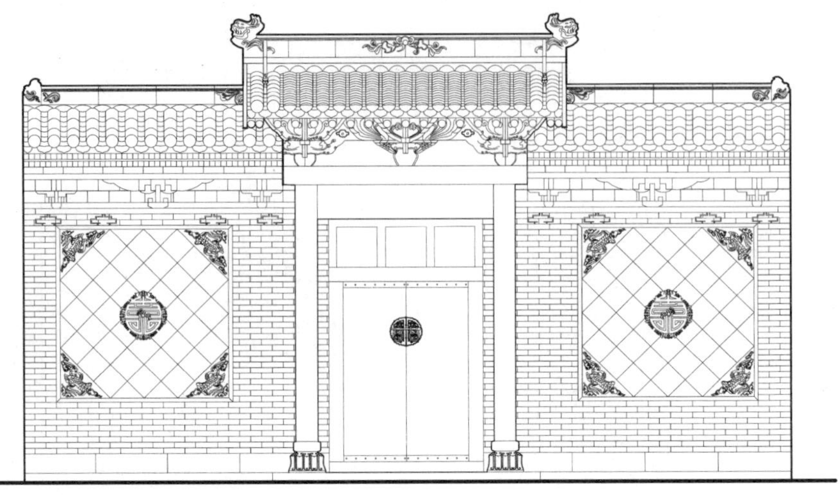

杜家大家主院垂花门立面图

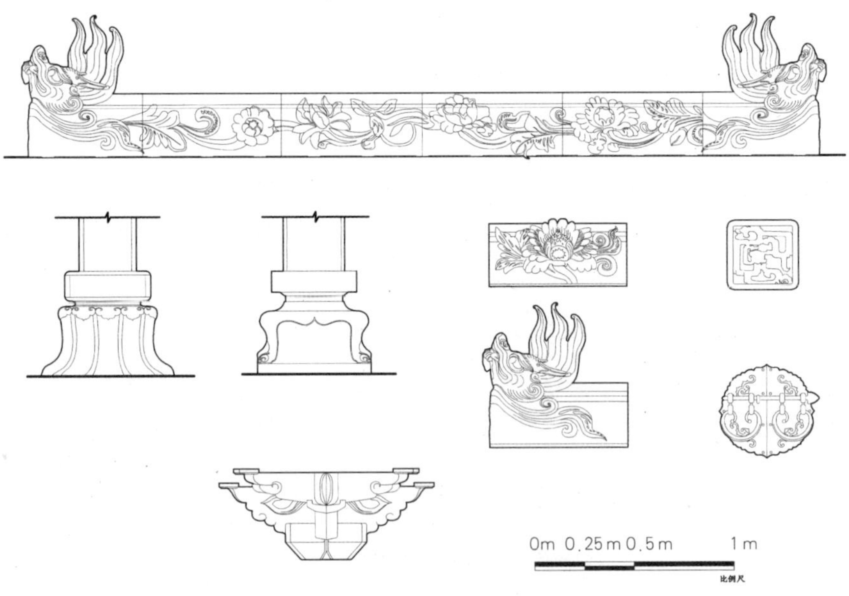

杜家文魁院、书房院、武魁院装饰大样1

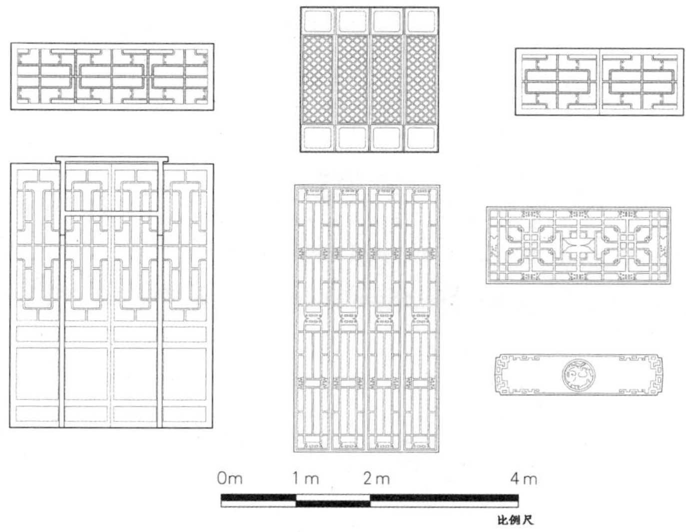

杜家文魁院、书房院、武魁院装饰大样2

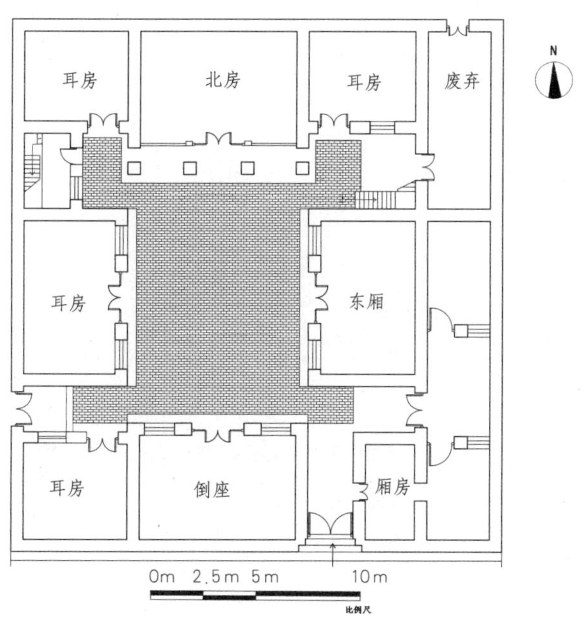

杜家小十字院平面图

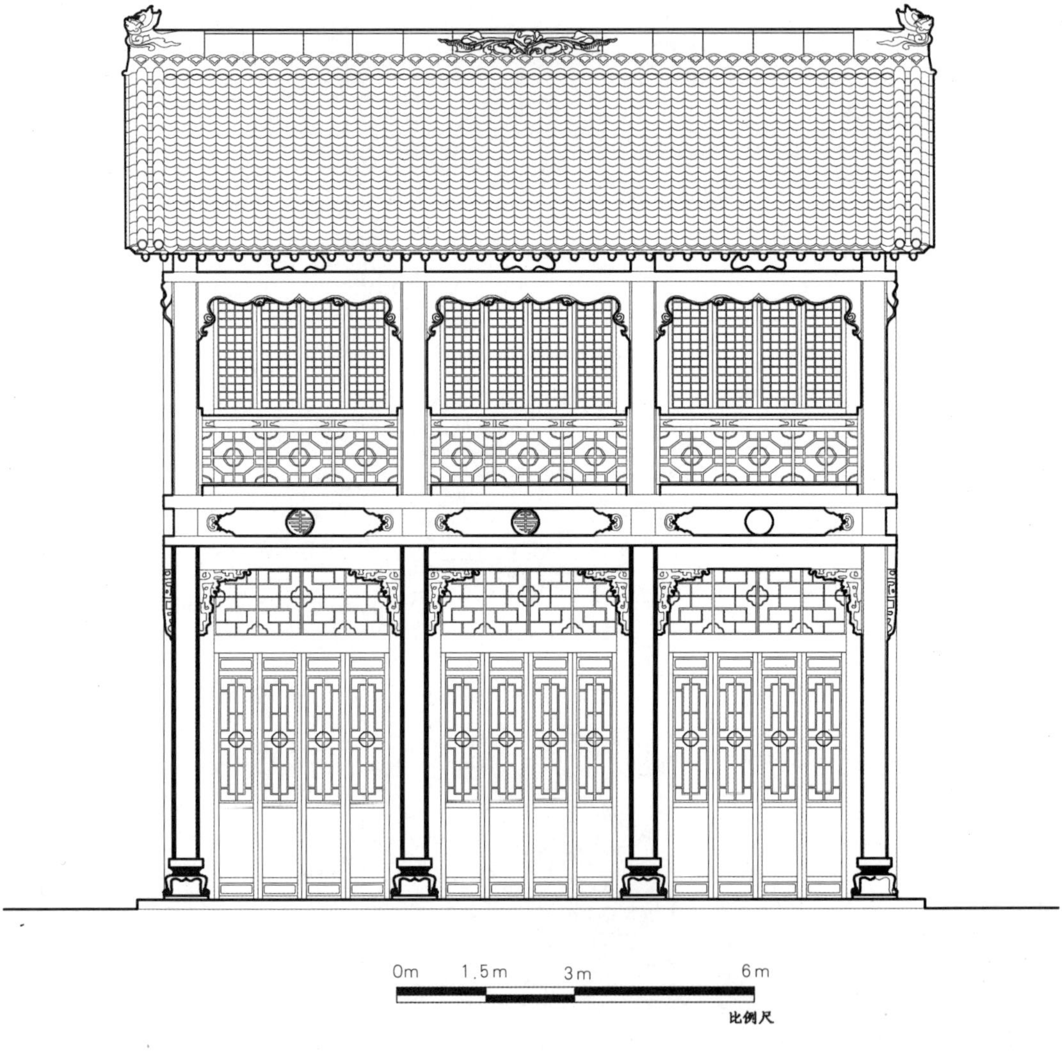

0m 1.5m 3m 6m

比例尺

杜家小十字院正房立面图

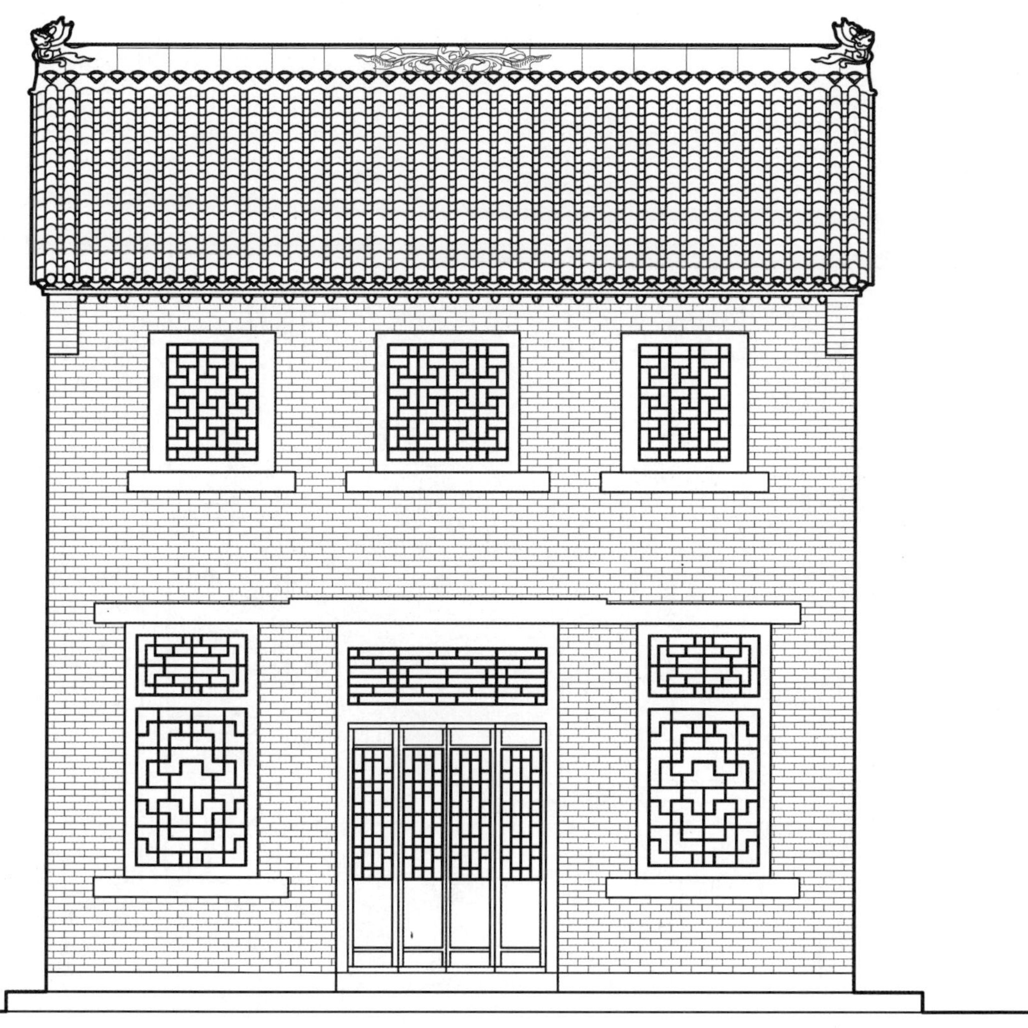

杜家小十字院西厢房立面图

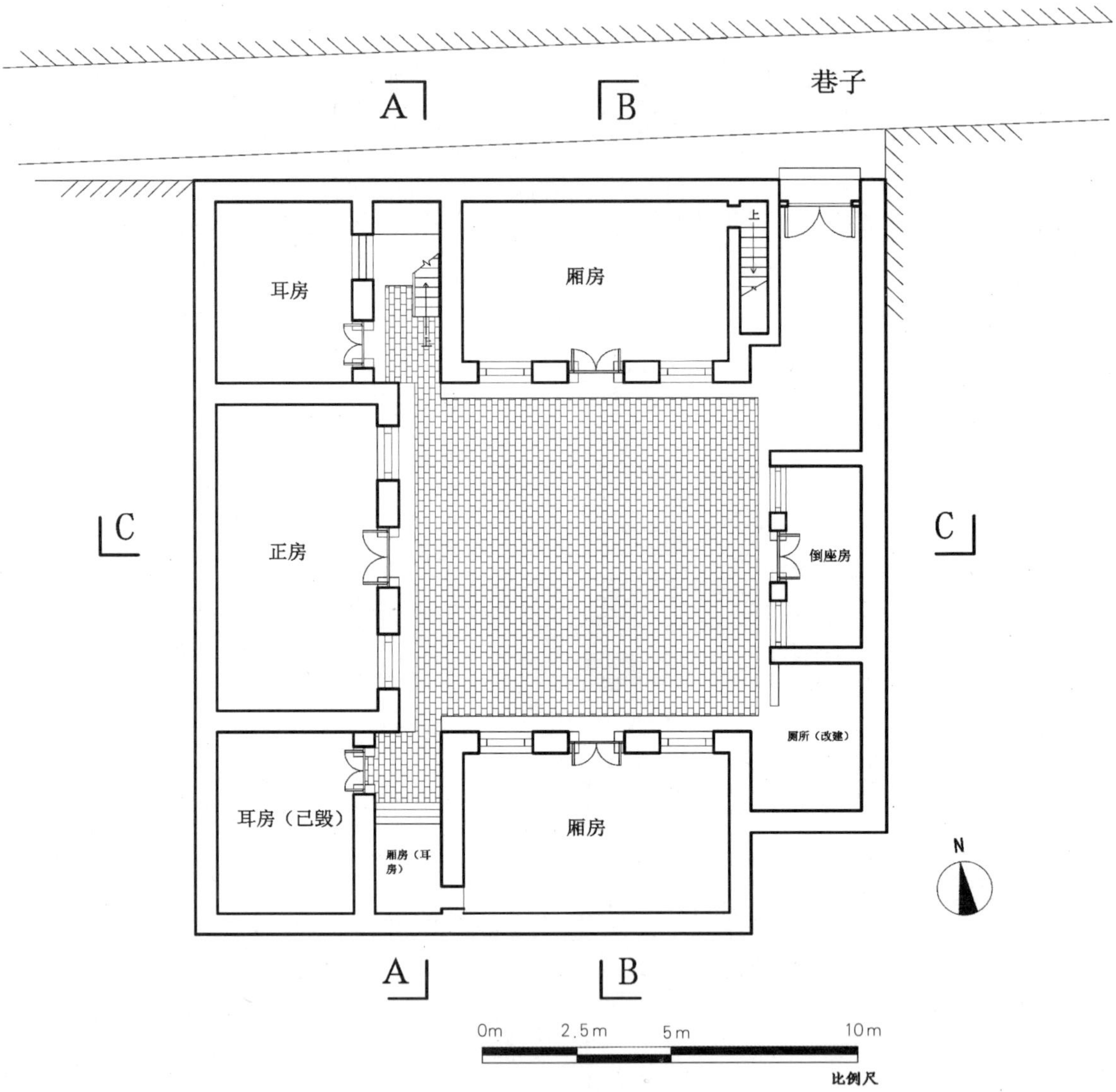

巷子

A B

耳房　厢房　上

C　正房　倒座房　C

厕所（改建）

耳房（已毁）　厢房（耳房）　厢房

A B

N

0m 2.5m 5m 10m

比例尺

杜家南院平面图

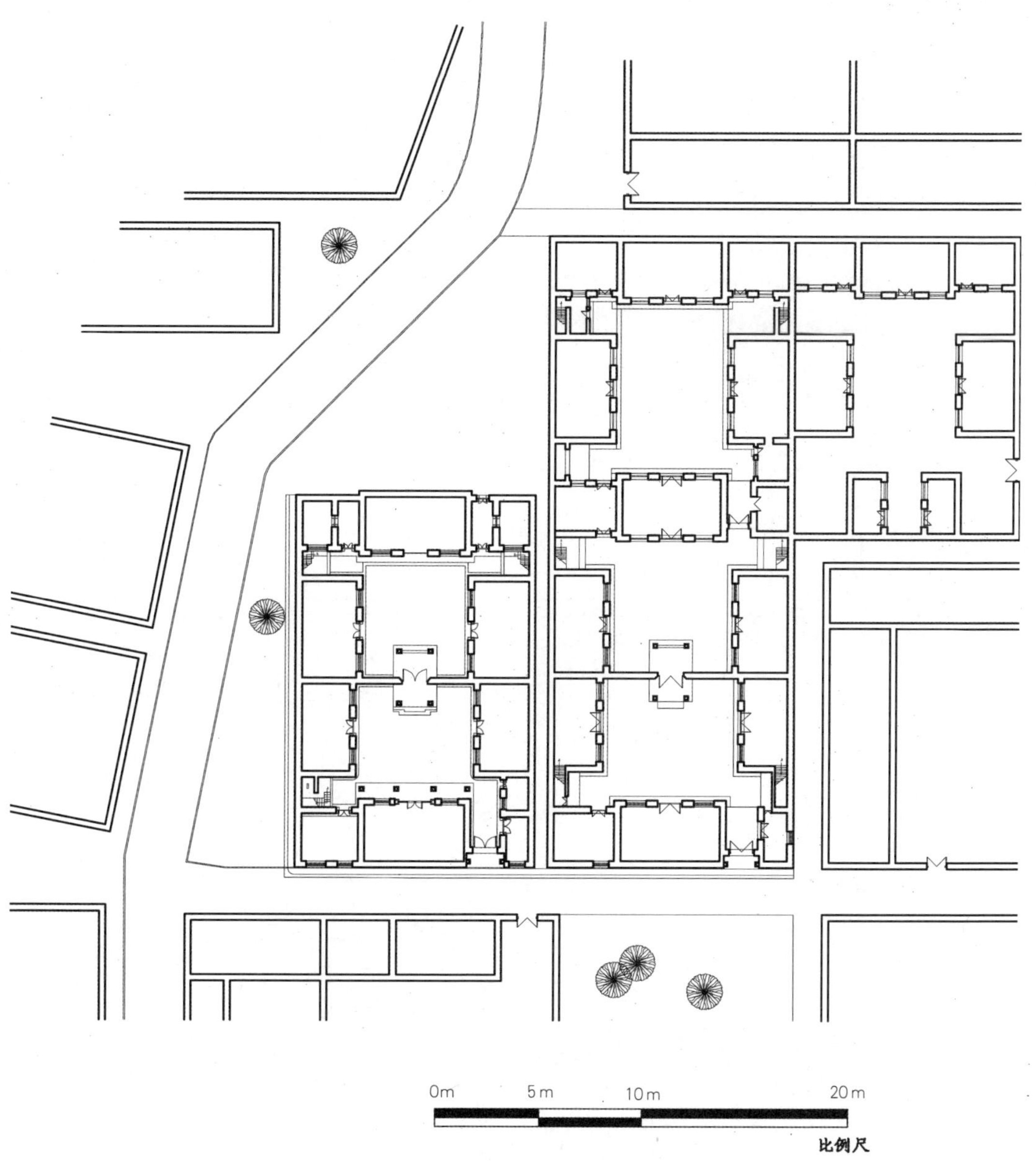

杜家小十字院西厢房平面图

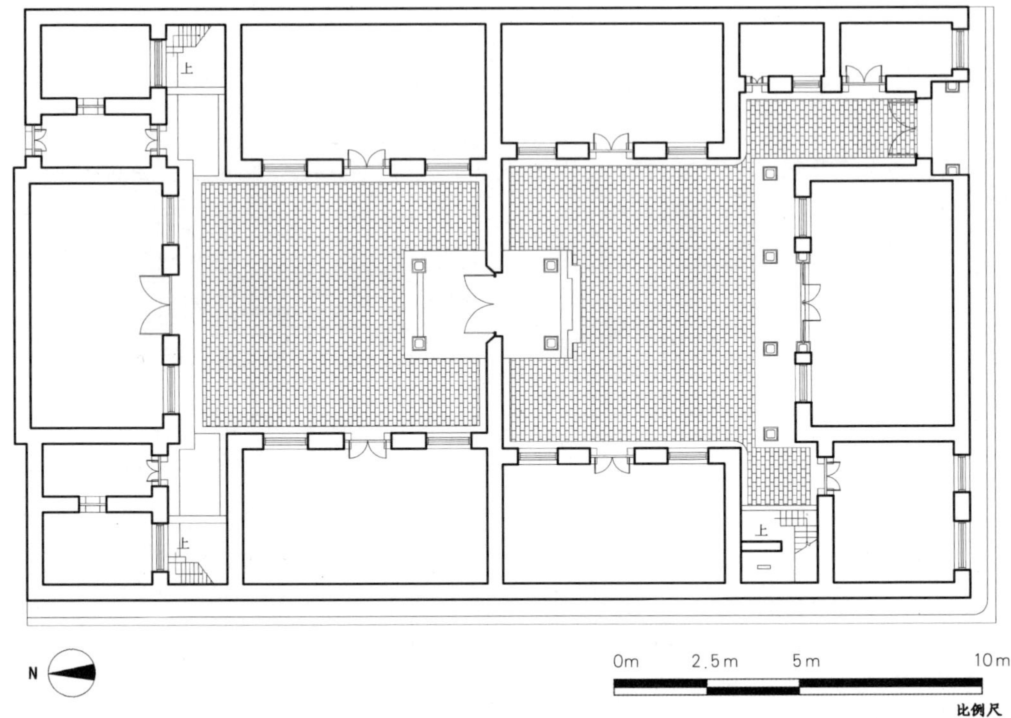

成发荣宅平面图

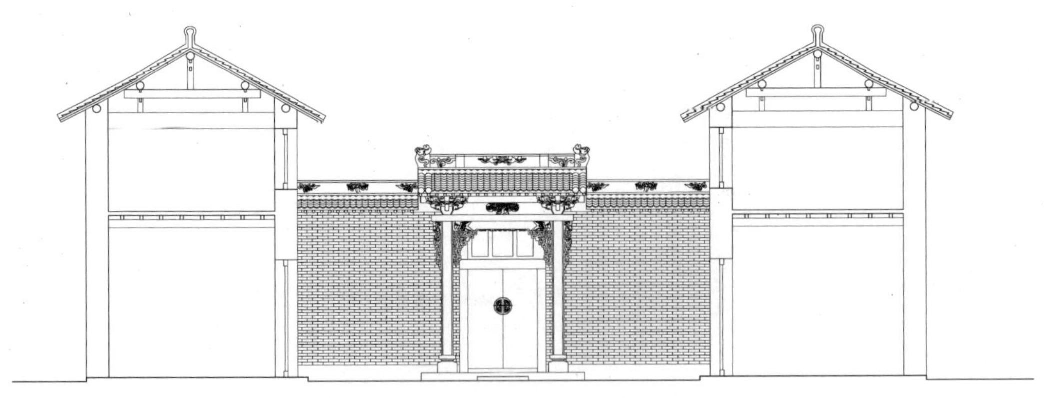

成发荣宅垂花门剖立面

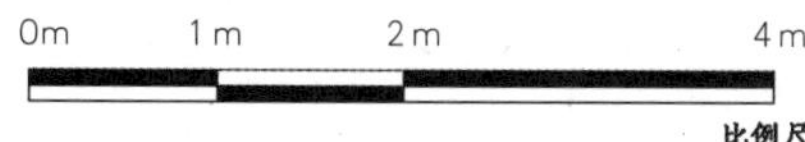

成发荣宅倒坐房立面

倒座一层门大样详图

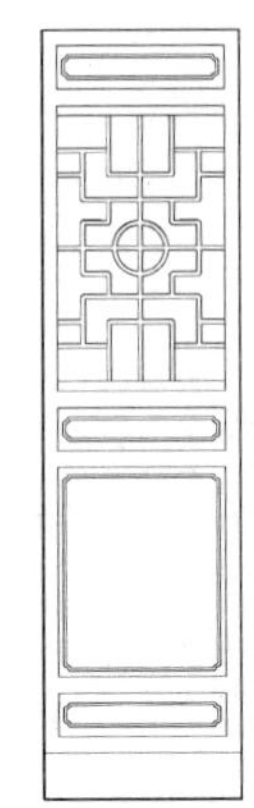

倒座二层门大样详图

窗棂装饰大样详图

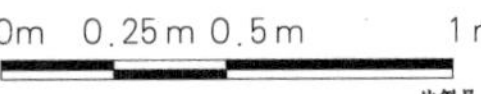

成发荣宅倒坐房细部大样

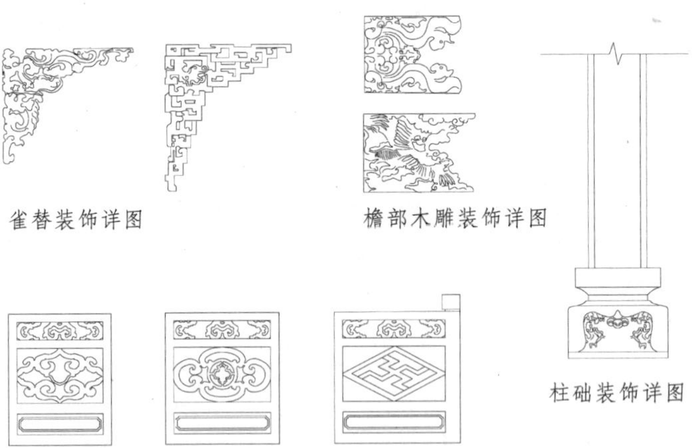

雀替装饰详图

檐部木雕装饰详图

柱础装饰详图

木栏杆装饰详图

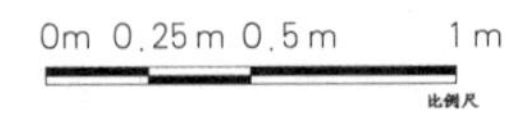

成发荣倒坐细部大样

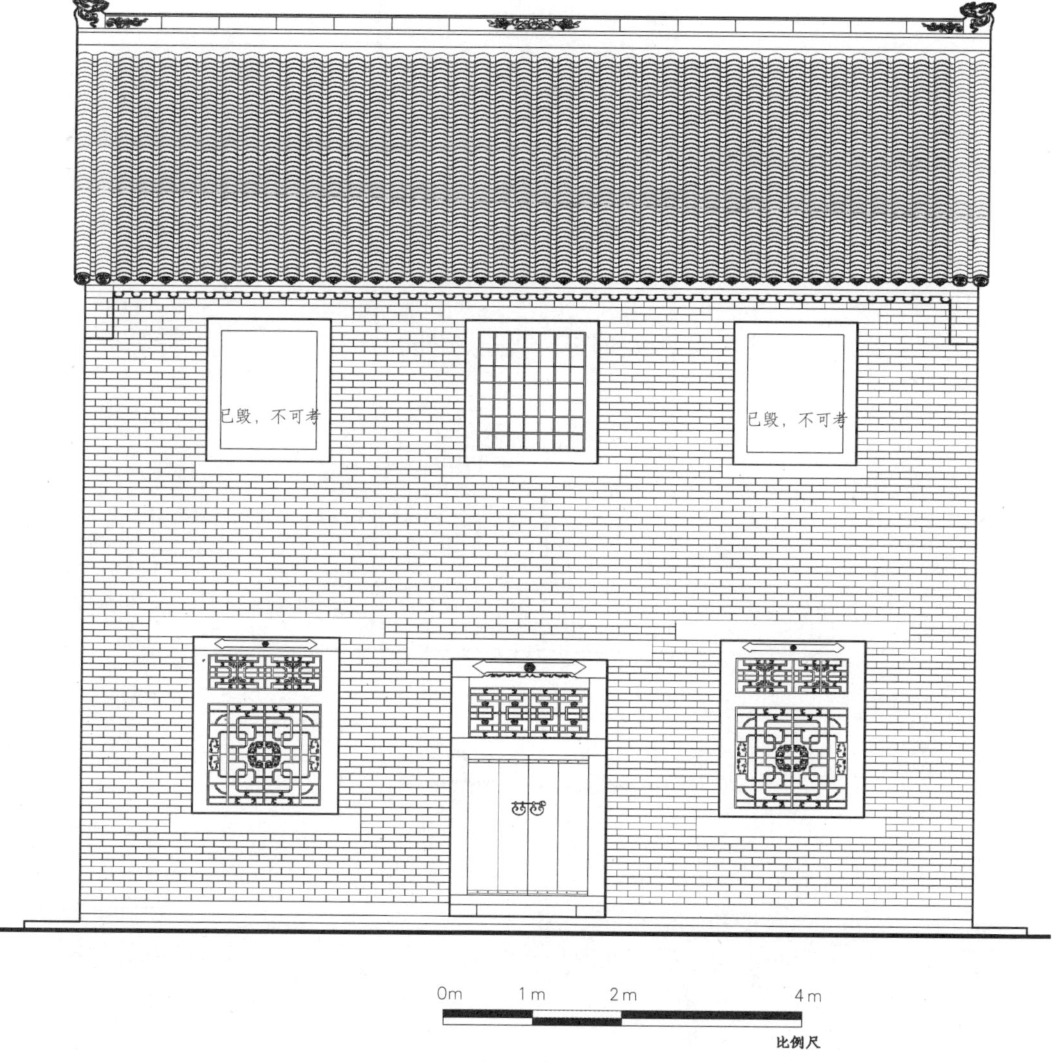

成发茂宅三进院正房立面图

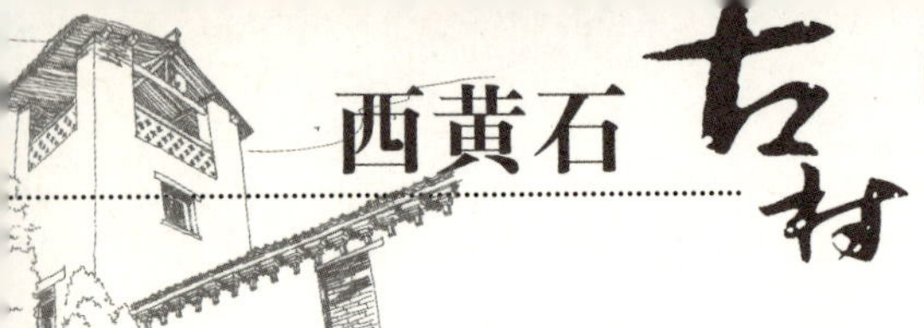

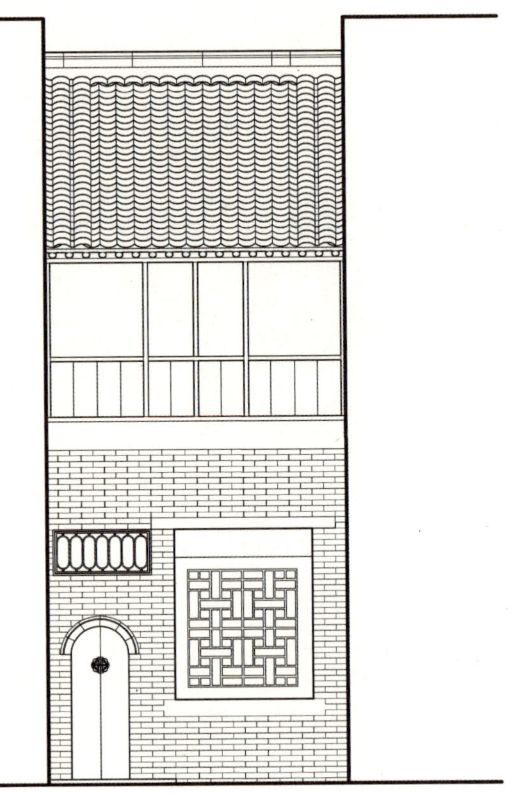

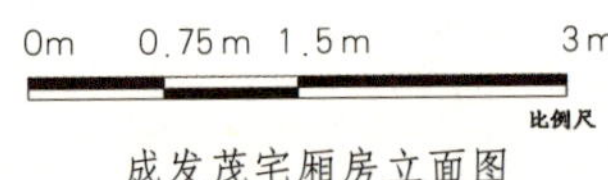

成发茂宅厢房立面图

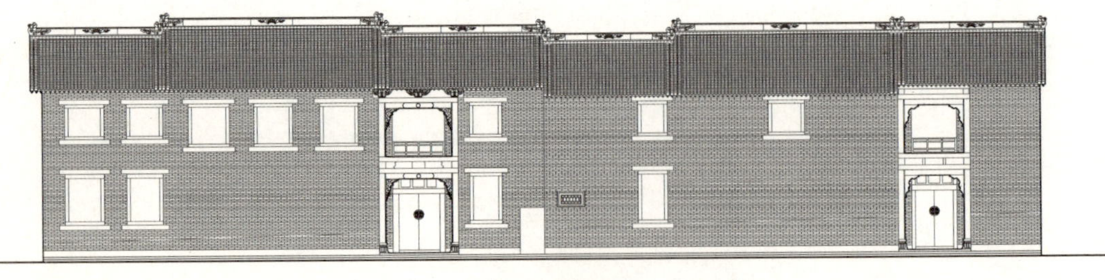

成家兄弟大院外立面

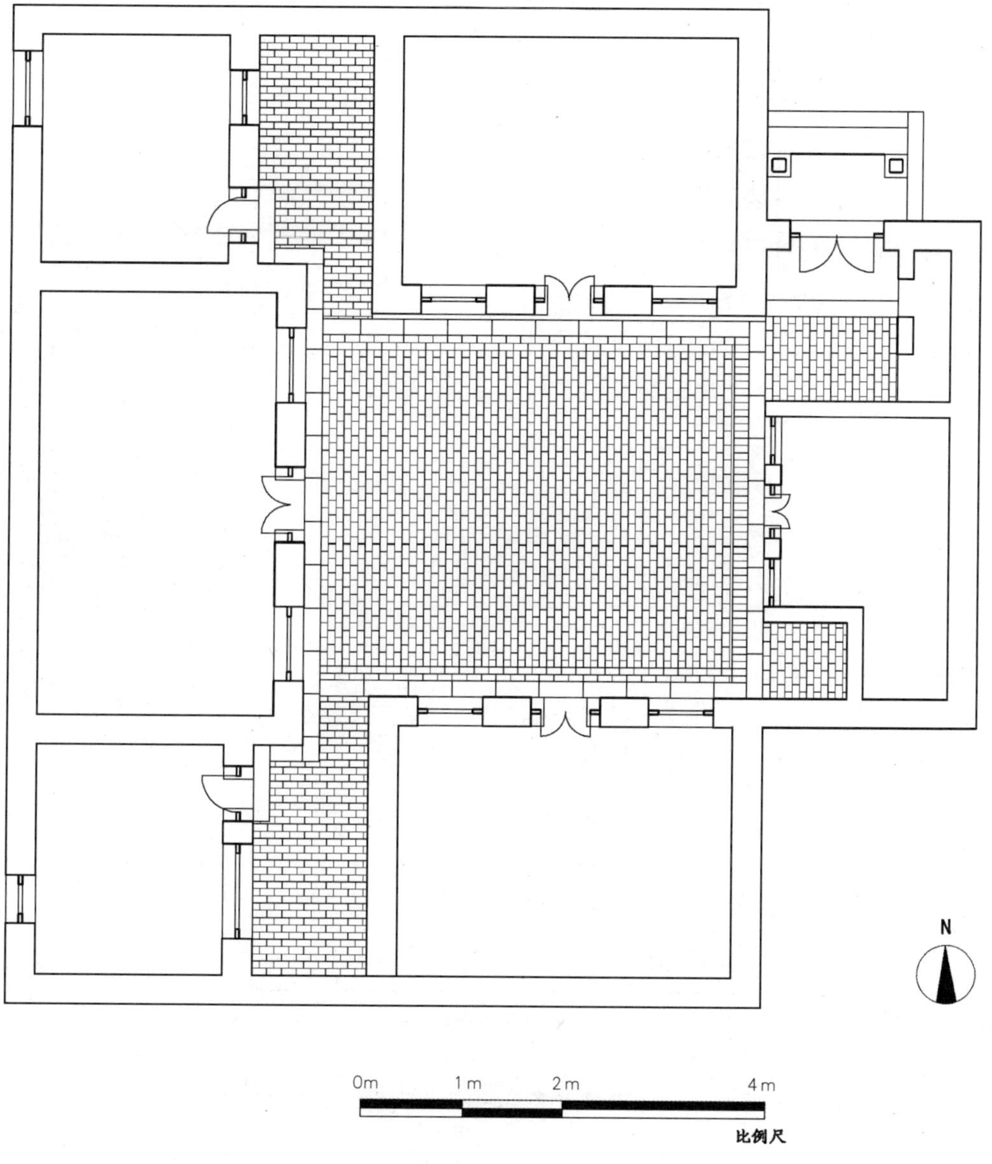

成家侍郎院一层平面图

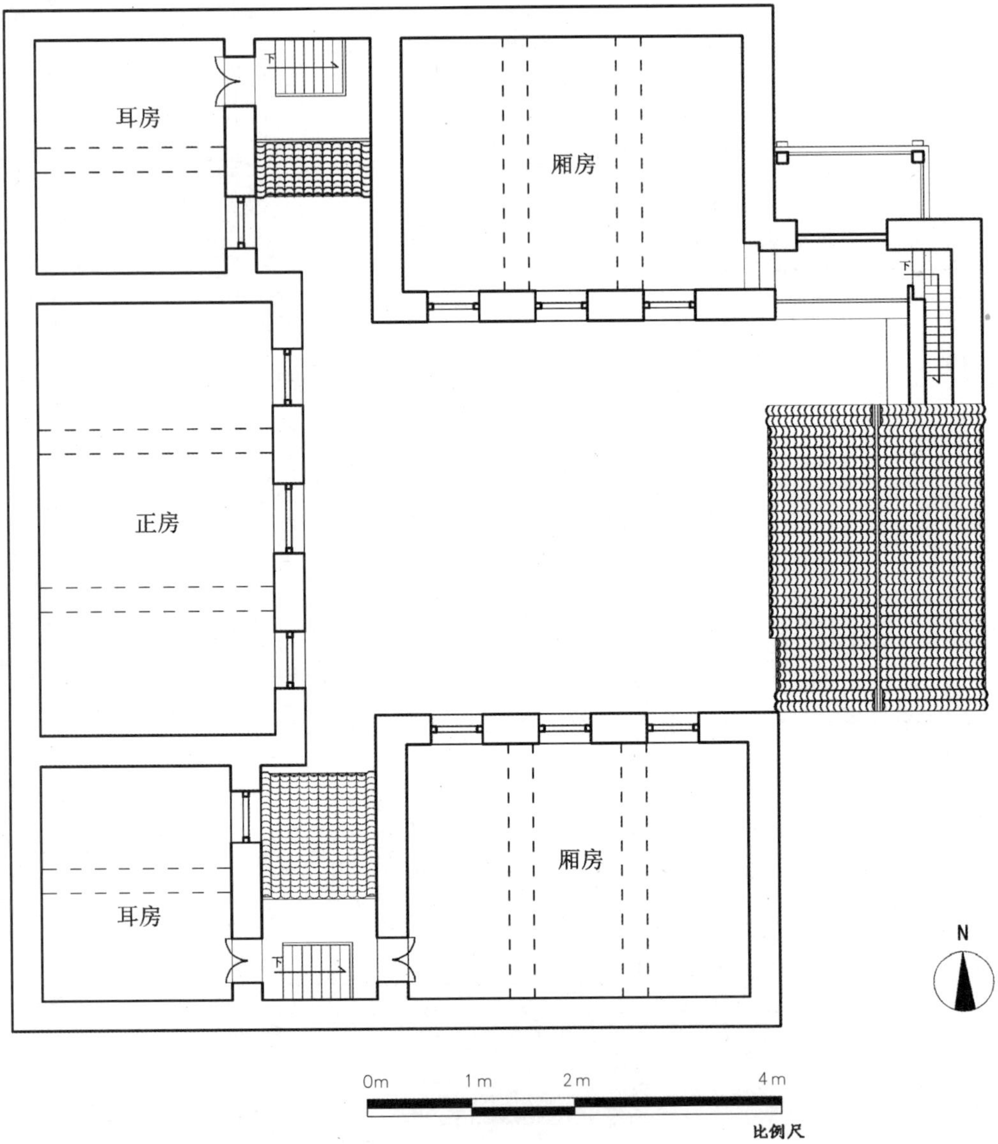

成家侍郎院二层平面图

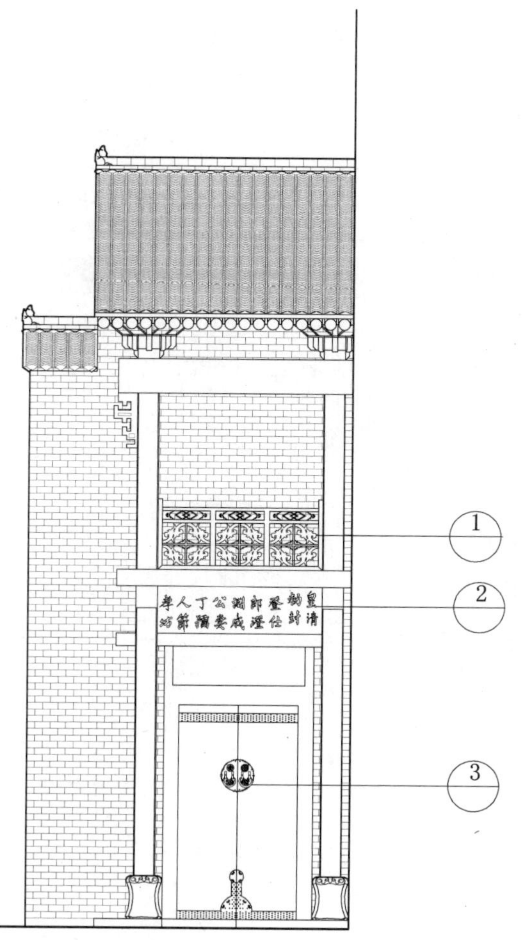

皇清敕封登仕郎成澄湖公妻丁孺人節孝坊

②

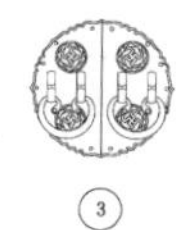

成家侍郎院门楼立面

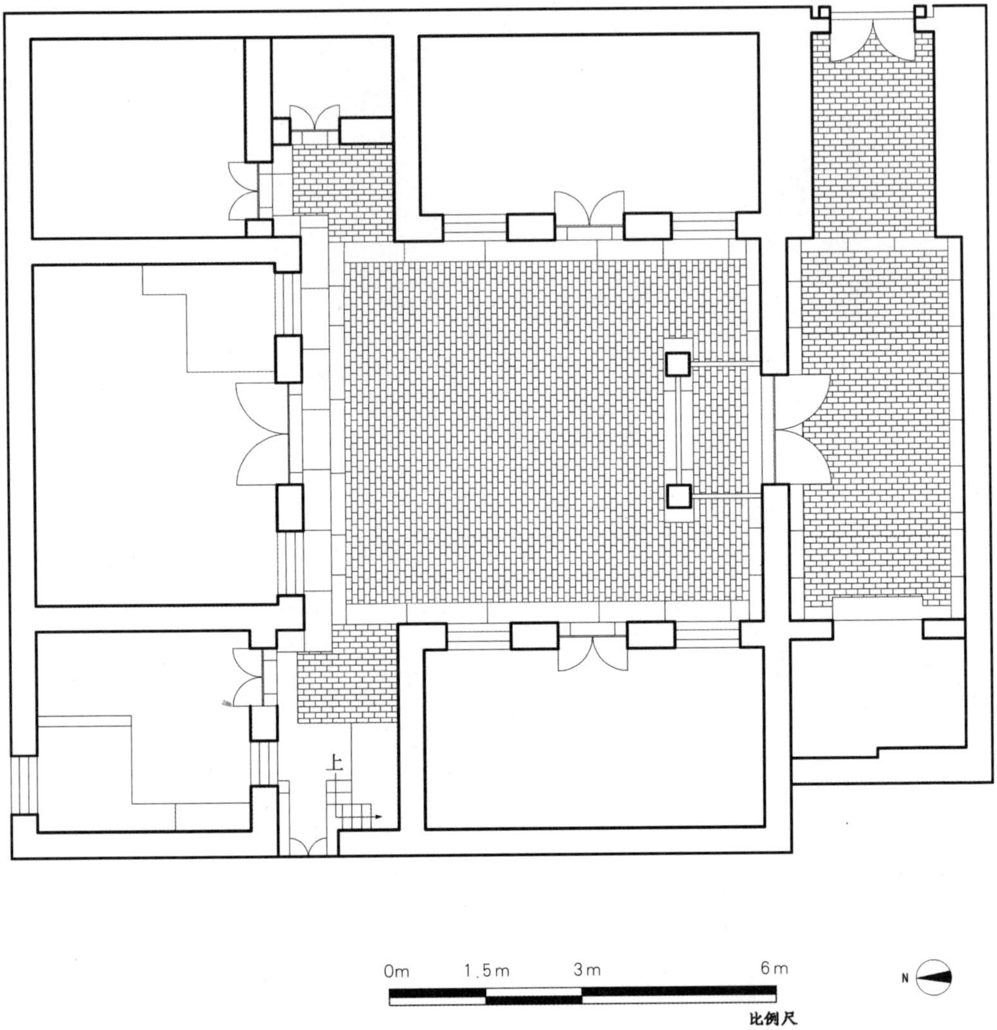

上

0m 1.5m 3m 6m

比例尺

N

成发昌宅一层平面图

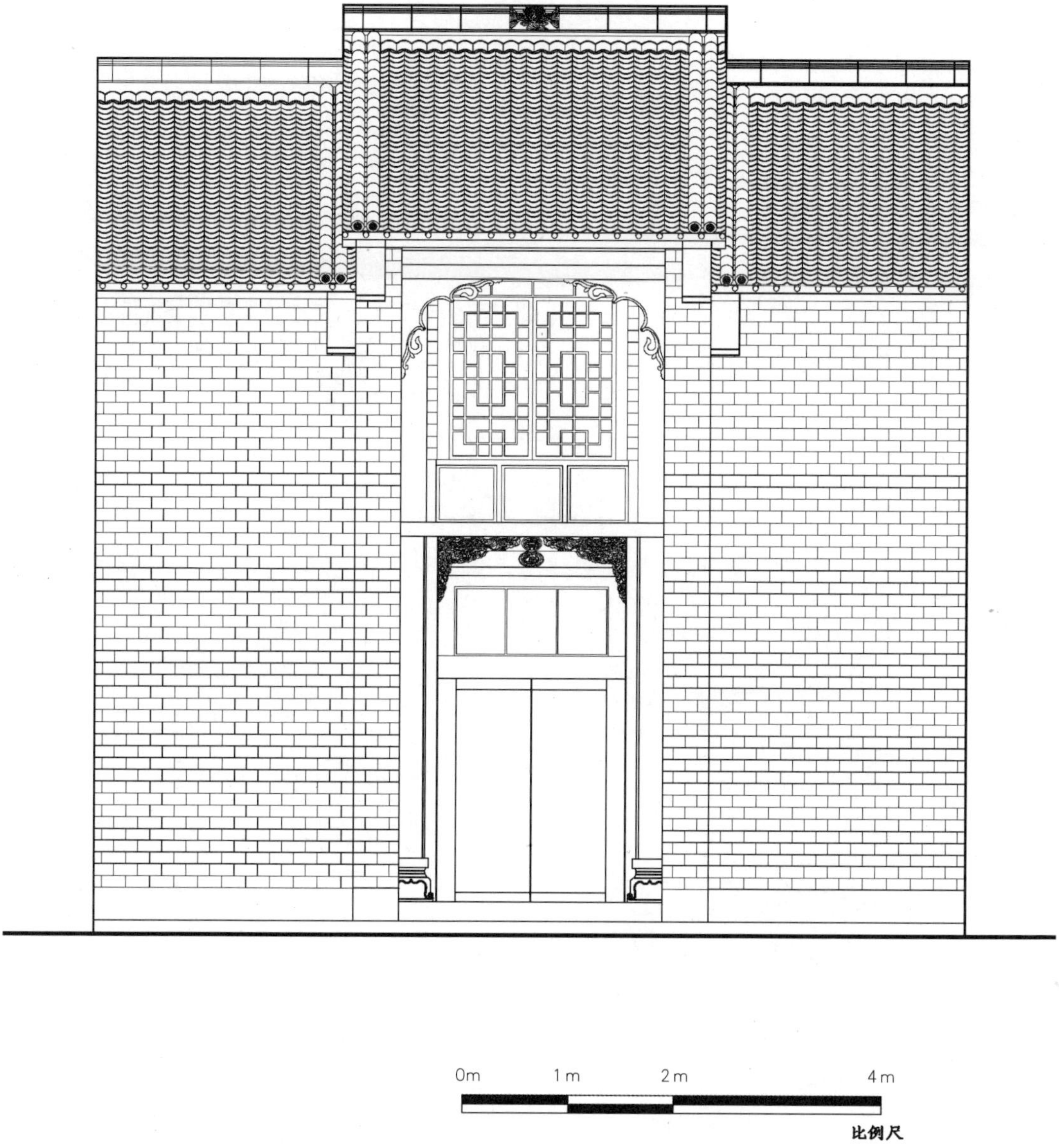

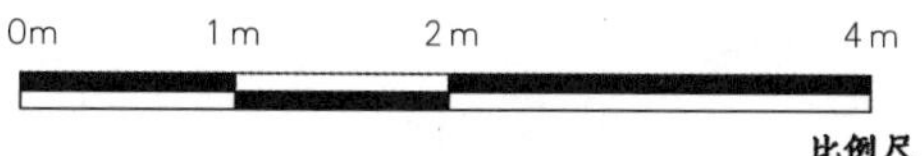

成发昌宅院门楼立面图

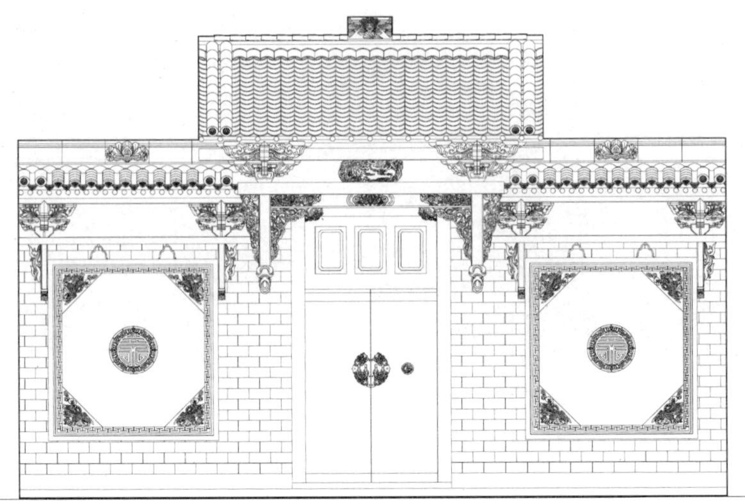

成发昌宅垂花门立面图

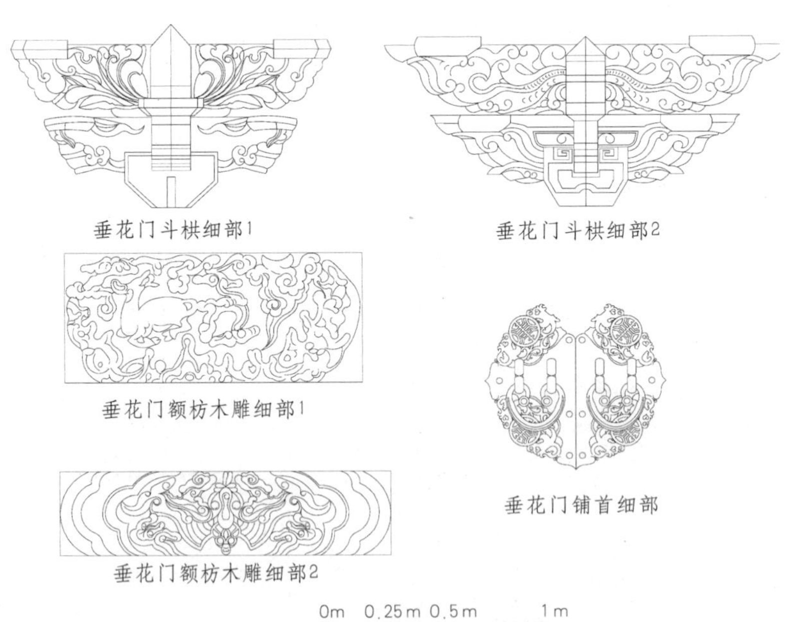

成发昌宅垂花门细部大样1

成发昌宅垂花门细部大样2

成发昌宅垂花门细部大样3

N
耳房
正房
耳房
厢房
厢房
大门
上
0m
1.5m
3m
6m
比例尺

赵家大院平面图

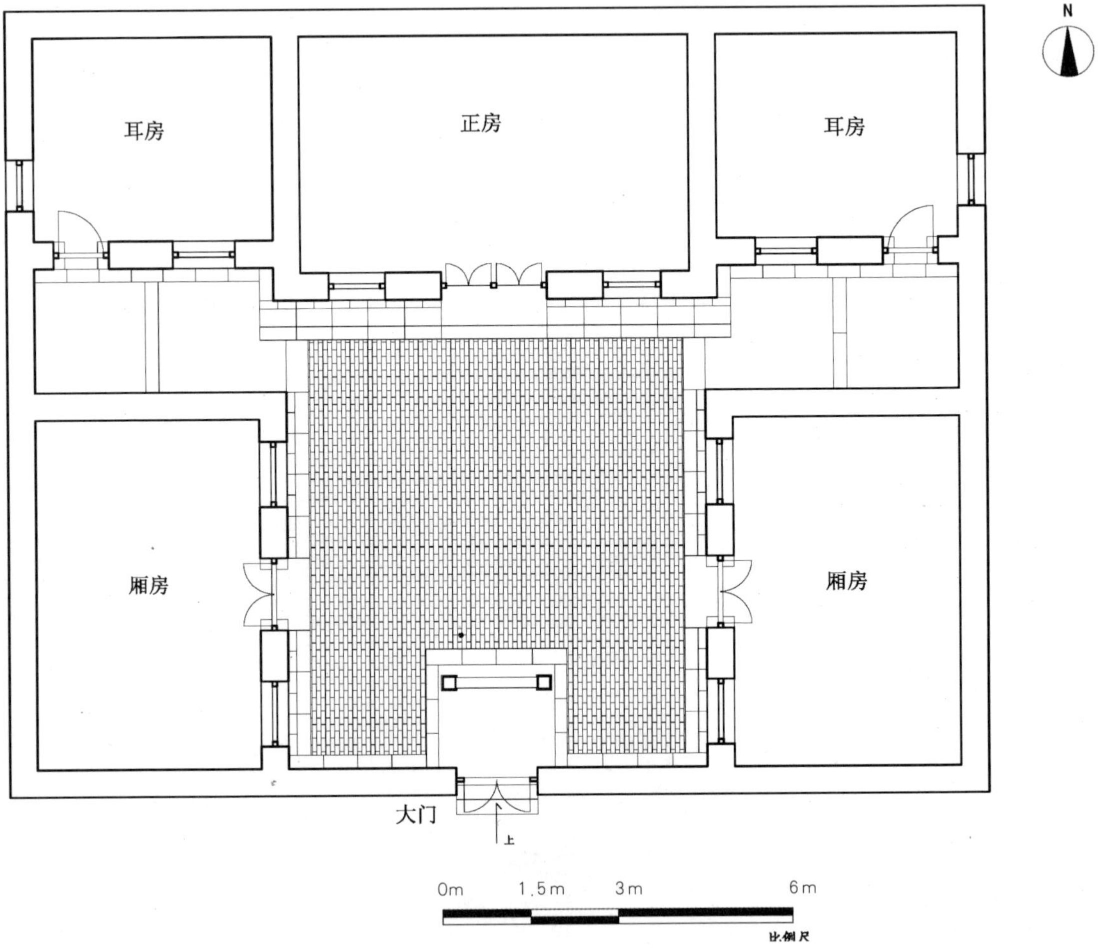

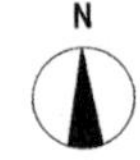

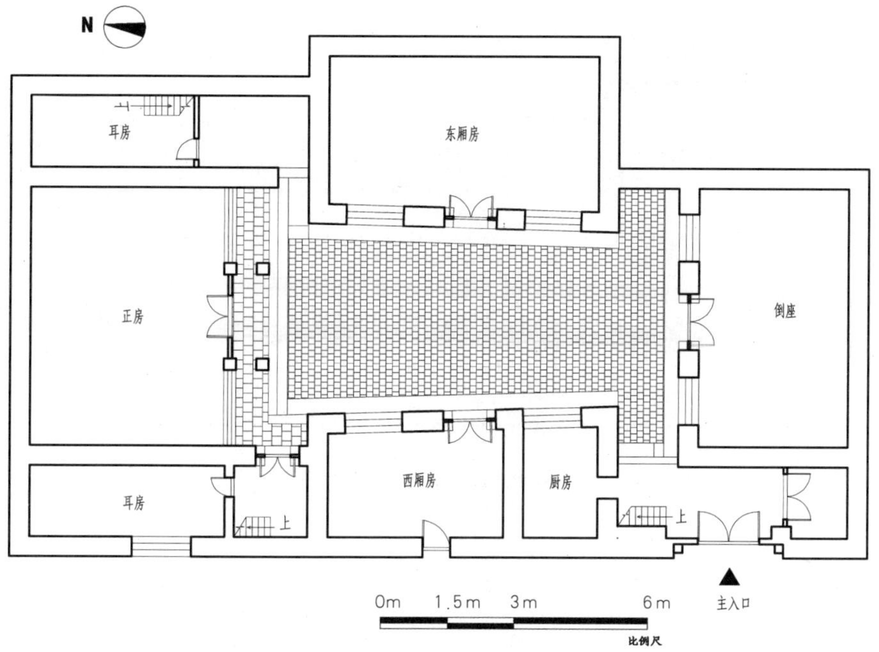

王家大院首层平面

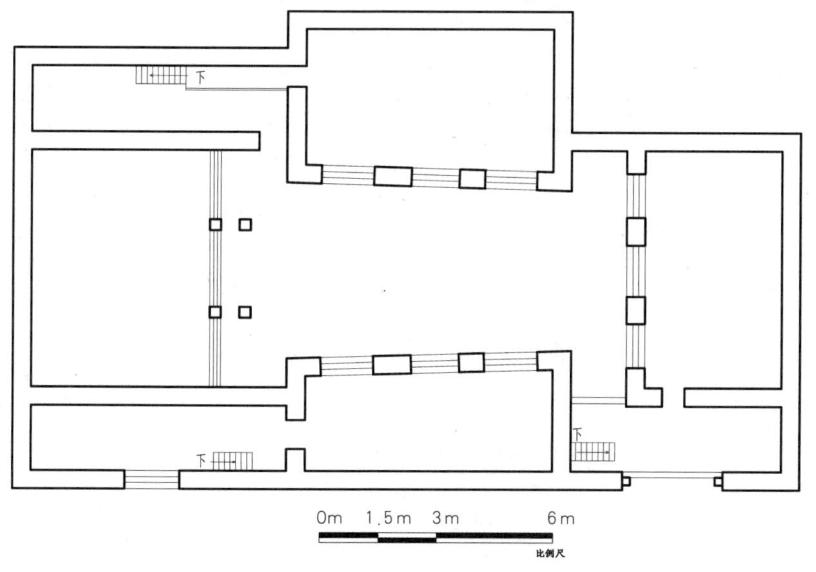

王家大院二层平面

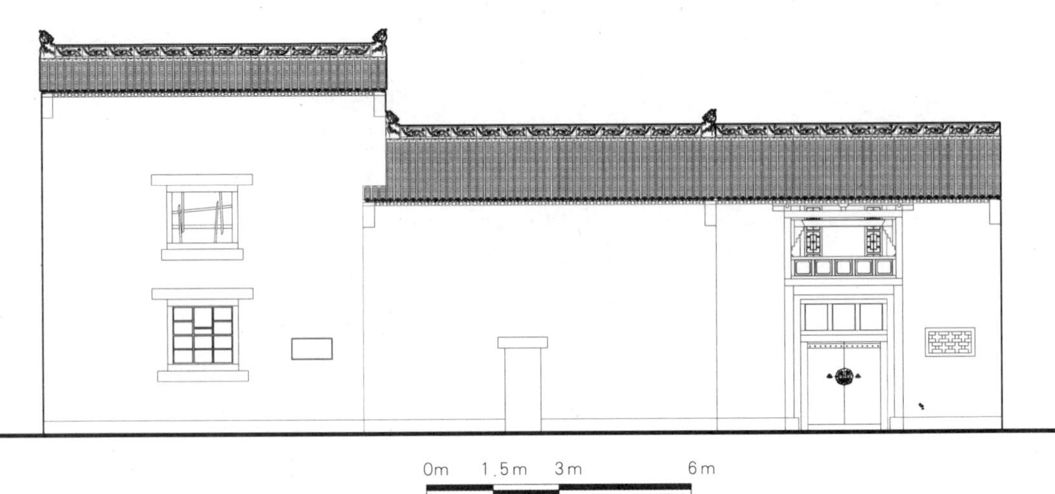

王家大院东侧外立面

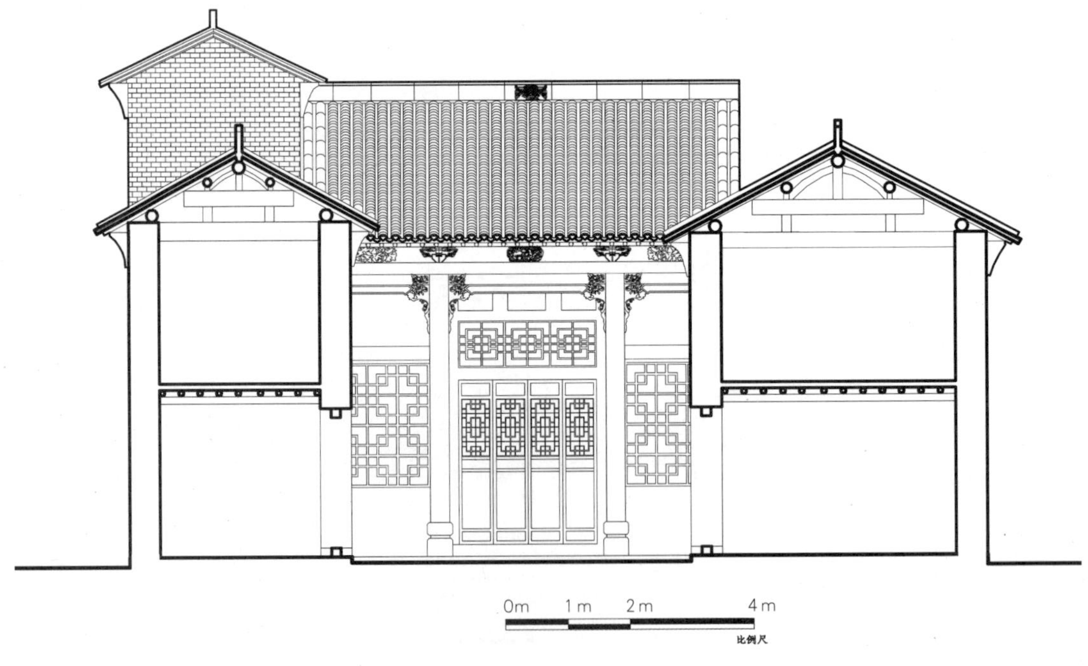

王家大院正房立面

0m 1.5m 3m 6m
比例尺

王家大院东厢房立面

下
N
0m 3m 6m 12m
比例尺

玉皇庙平面

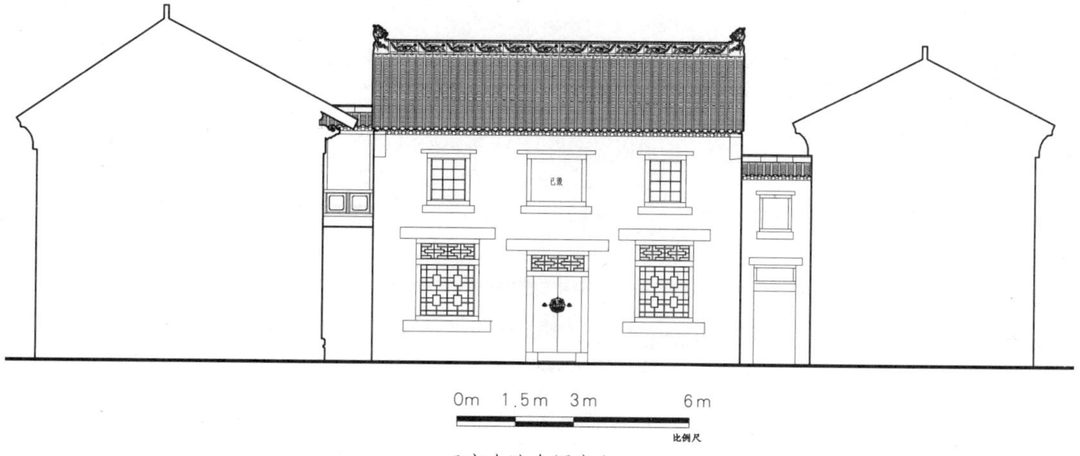

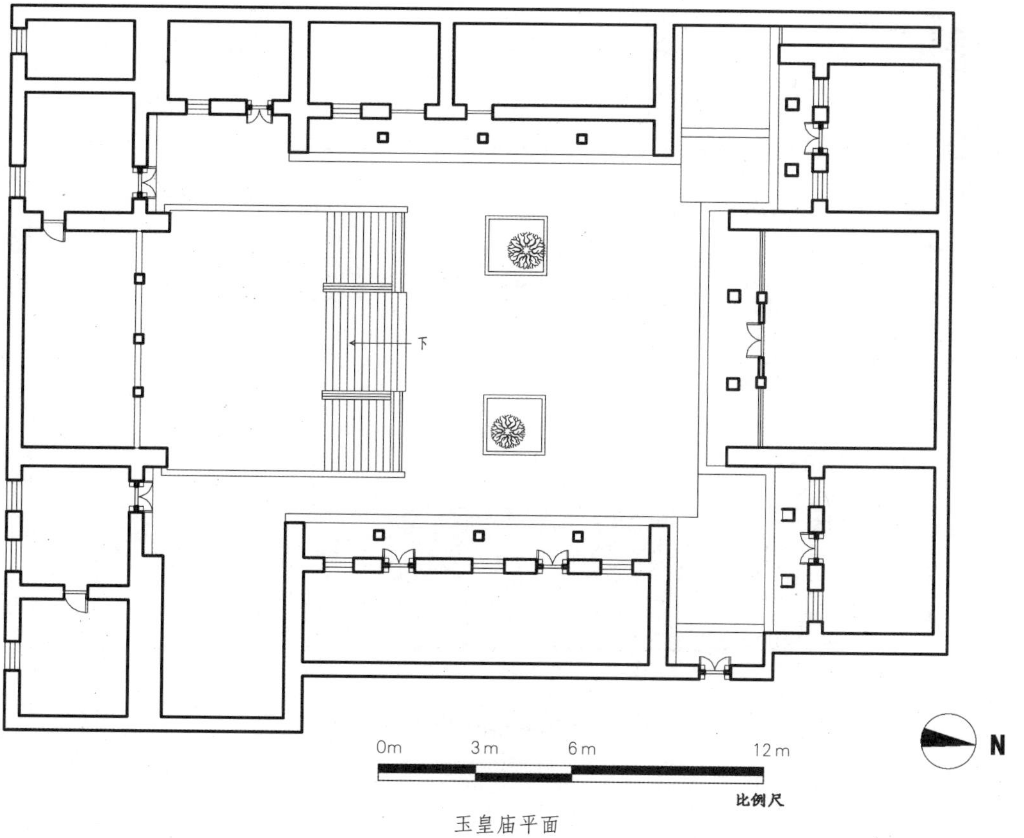

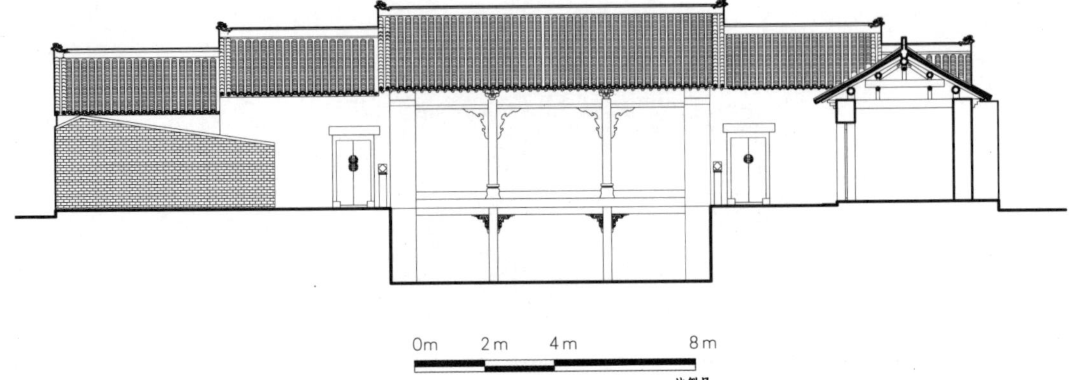

玉皇庙横剖立面图

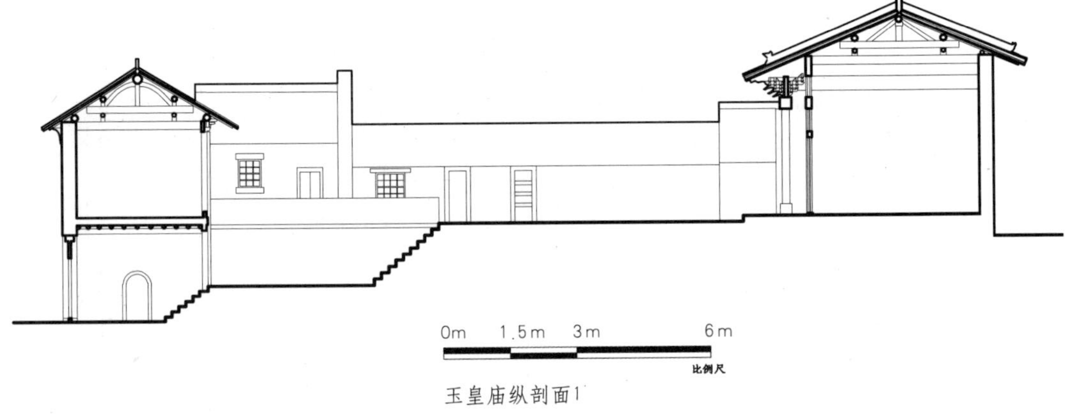

玉皇庙纵剖面1

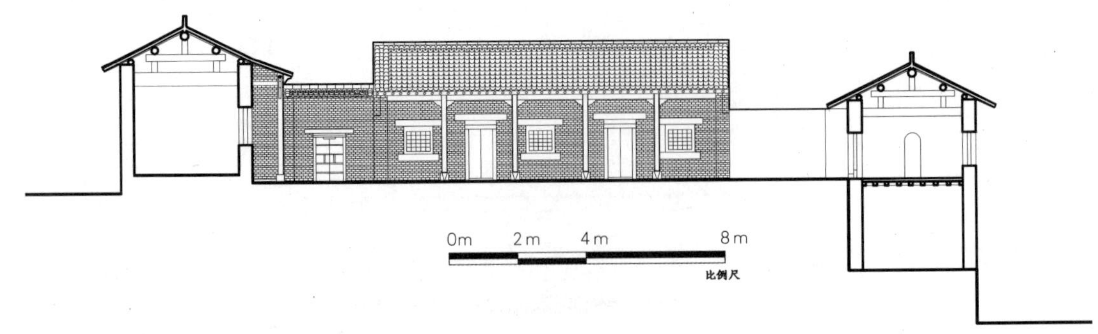

玉皇庙纵剖面2

后　记

西黄石村位于晋城市泽州县东北部，西、南两侧邻山，北侧为一片平原，东侧紧邻昌沟河。关于西黄石村的历史并没有翔实的史料记载，何时建村也无实据可考。但村西玉皇庙明正德七年（1512年）石碑载："贞祐年创修此庙，为佛堂之殿"。可知，玉皇庙始建于金贞祐年间（即南宋庆元年间）。清代时，村中有成、杜、赵、王四大家族。这些家族耕商结合，富足殷实，生意兴隆，财力雄厚，修建了大量的宅院。其中杜家的大部分宅院分布在金玉街的西侧，其余如王家宅院、成家宅院等位于金玉街的东侧。村子的东南部还有成家兄弟（成发茂、成发荣）建筑院落群。总体而言，西黄石格局完整，建筑遗存丰富，特别是其宅院规模恢宏，装饰精美，具有极高的价值。

对西黄石的调查从2008年10月开始，前后持续了一年半。在西黄石村的调查和研究过程中，我们得到了各方面的帮助和支持。山西省住房与城乡建设厅厅长王国正、总规划师李锦生等领导对这套丛书给予了高度重视和积极支持。山西省建设厅城建处处长张海同志（原村镇处处长）对本书的定位、框架提出了许多宝贵意见和具体指导。村镇处处长薛明耀、副处长于丽萍同志为了保证调查研究工作的顺利开展做了大量的组织和协调工作。在2008～2010年期间，先后参加西黄石村调查的硕士研究生和高年级本科生有李志新、石玉、王倩、周雪洁、赖钰辰、孟　磊、张哲等。建筑学专业0601班于2009年7月在西黄石村进行了为期2周的历史建筑测绘。刘捷博士通阅全书，提出许多很好的修改建议。西黄石村党支部书记成天山、村委主任张麦顺、会计成建明对我们的调查研究给予了多方面的支持和帮助；村委老书记陈腊锁在我们调研期间，一直带着我们，积极配合，做了大量的工作。另外，本书的部分工作还得到国家自然科学基金（项目编号：50708004）和北京交通大学"红果园'双百'人才培育计划"的资助。在此，一并表示衷心的感谢。

令人欣慰的是，2009年，西黄石村被山西省人民政府公布为"省级历史文化名村"。我们愿继续为西黄石村的保护发展做些力所能及的事情，也衷心祝愿西黄石村的文化遗产留存千古，并得到合理的开发利用！

本书由薛林平、赖钰辰、孟璠磊、于丽萍、张哲分别撰写或整理了相关内容，最后由薛林平统一修改定稿。想必书中还会有遗漏、不妥、错误之处，恳请各界学者及广大读者批评指正。

薛林平

北京交通大学建筑与艺术系

2010年8月1日